Dietrich Volkmer

Antigone

Königstochter aus Theben

Dietrich Volkmer

Königstochter aus Theben

Die Deutsche Nationalbibliothek verzeichnet diese
Publikation in der Deutschen Nationalbibliografie;
Deteaillierte bibligrafische Daten sind im Internet über
http://dnb.ddb.de
abrufbar

Text, Layout und Umschlaggestaltung: Dr. Dietrich Volkmer

www.literatur.drvolkmer.de

Internet-Seiten
www.literatur.drvolkmer.de
www.privat.drvolkmer.de
www,buchtipps.drvolkmer.de
www.drvolkmer.de

Herstellung und Verlag:
BoD – Books on Demand,
Norderstedt
Printed in Germany

ISBN: 9783749496105

Inhaltsverzeichnis

Meine Kindes- und Jugendjahre	11
Leidenszeit	24
Tage der Klärung	29
Iokastes Tod	38
Ödipus' Blendung	41
Die Wanderungen	44
Aufenthalt in Kolonos	50
Nach dem Tod von Ödipus	63
Zur Person von Sophokles	65
Literatur	66
Griechische Literatur des Autors	67
Literatur zum Thema Ägypten	71

Antigone

Welch ein faszinierender Name, welch ein spannender
Name, mystisch verklärt!
Lange bevor ich Sophokles' Tragödie über König Ödipus
gehört und gelesen hatte, fiel mir dieser Name auf.
Vielleicht hatte ich ihn in Theaterprogrammen oder in
Zeitschriften gelesen. Er klang irgendwie geheimnisvoll,
ich kann aber nicht erklären, warum ich es so empfunden
habe.

Ich, Antigone, bin keine historische Person. Nie hat mich das Auge eines antiken Hellenen gesehen. Es hat mich nie wirklich gegeben. Ich habe nur im Kopf von Sophokles gelebt, als er die Tragödie „König Ödipus" zu Pergament brachte. Und wenn das Stück aufgeführt wurde, ist ein männliches Wesen in meine Maskenrolle hineingeschlüpft. Frauen waren damals in dieser maskulin geprägten Welt auf der Bühne noch unerwünscht.

Ich habe ebenso wenig gelebt wie Medea, wie Helena, Elektra oder Iphigenie. Vielleicht sind die anderen im Literarischen Gedächtnis der Menschen etwas präsenter als ich. Aber das soll mich nicht stören.

Aber ich möchte gern gelebt haben, nicht nur als Teil einer Tragödie oder in Hexameter-Versen. Und schon gar nicht so als Neben-Person in einer dramatischen Geschichte.

Darum bin ich von ganzem Herzen glücklich, dass sich jemand nach so langer Zeit meiner annimmt und meine Geschichte erzählt, wie ich es empfunden habe und mich damit zum literarischen Leben erweckt.
Um es noch einmal anzudeuten: Mein Leben ist ein Teil einer Tragödie. Ich möchte halt beschreiben, wie ich es gesehen, wie ich es erlebt habe und wie es mir nahe gegangen ist. Natürlich spielen die Ereignisse um und mit Ödipus eine sehr wichtige Rolle. Von denen kann ich mich nicht so einfach befreien. Sie sind ja nun einmal ein Bestandteil meines hier erzählten Lebens.
Sophokles würde es mir sicher nachsehen, wenn ich mich nicht ständig an seine Vorgaben halte, sondern diese Geschichte in mancher Hinsicht nach meinen Vorstellungen gestalte.

Delphi
Das Orakel von Delphi spielt in diesem Buch eine
grosse, wichtige Rolle

Meine Kinder- und Jugend-Jahre

Ich bin in einem glücklichen Elternhaus aufgewachsen. Soweit ich mich an meine frühe Kindheit erinnern kann, strahlte mir immer das fürsorgliche und liebevolle Gesicht meiner Mutter Iokaste entgegen. Eine Weile betreute mich auch eine ältere Amme, die dann aber nach Korinth wegzog, da ihr Mann verstorben war. Meine beiden älteren Brüder Polyneikes und Eteokles bekam ich herzlich wenig zu Gesicht, höchstens beim gemeinsamen Essen. Aber ich konnte mich des Gefühls nicht erwehren, dass ich ihnen relativ gleichgültig war. Mädchen zählten damals nicht für sie, man nahm sie halt zur Kenntnis, weil sie nun einmal da waren.

Als Ismene dann zur Welt kam, nahmen sie nur eine kurze Notiz von ihr. Wenn sie dann in ihrer Gegenwart mal schrie, dann verzogen sie etwas ungeduldig ihr Gesicht oder hielten sich sogar die Ohren zu.

Mir ist aber deutlich in Erinnerung geblieben, dass die beiden sich oft und teilweise heftig stritten. Mein Vater hatte dafür gesorgt, dass sie zwei kleine hölzerne Schwerter erhielten. „Nicht nur mit Worten,“ pflegte mein Vater dann zu sagen, „auch im Kampf muss man seinen Mann stehen. Wenn ihr später mal als Söhne eines Königs in kriegerische Verwicklungen einbezogen werdet, dann wird man gerade auf euch kritisch schauen und euch beobachten. Das ist nun mal so.“ Und so versuchten beide mit den Schwertern ihr Bestes zu geben. Manchmal kamen sie mit richtig roten Köpfen ins Haus, wenn Iokaste sie zum Essen rief.

Meine Mutter hat oft am Abend an meinem Bett gesessen und mir Geschichten erzählt. Manchmal hat sie mir eine Geschichte doppelt erzählt. Aber sie unterschieden sich schon ein wenig. Ich habe es ihr aber nie vorgehalten, sondern immer so getan, als ob ich es zum erstenmal höre.

Die Erzählungen handelten von den geheimnisvollen Göttern. So hatte ich als Kind immer das Gefühl, mich vor ihnen fürchten zu müssen. Sie konnten alles sehen, alles beobachten und vor allem, sie vergaßen nichts. Und schienen sich manchmal auch an den Menschen zu rächen.

Einen Namen erwähnte sie immer und immer wieder: Homer. Von

11

ihm stammten, so sagte sie, die berühmten Geschichten der Ilias und der Odyssee.

Wie war das spannend zu hören, wie der König Agamemnon mit seiner großen Flotte untätig vor der Stadt Aulis lag, kein Windhauch in ihre Segel blies und sie nicht nach Troja, dem angestrebten Ziel, aufbrechen konnten. Schliesslich fragte man den Seher Kalchas. Das hat einen Grund, meinte der, es liegt daran, weil Agamemnon die Göttin Artemis beleidigt hatte.

Sie hatte nämlich einen Groll gegen ihn, weil er ein ihr heiliges Tier, das sie besonders liebte, geschossen hatte. Und meine Mutter meinte noch: Mit Artemis ist nicht zu spaßen. Wenn sie etwas fordert, dann muss man es einhalten. Und dann geht die Geschichte weiter, die mich so aufgeregt hat. Ich konnte danach gar nicht einschlafen. Agamemnon hatte der Göttin vor langer Zeit einmal versprochen, ihr das liebste Wesen, das er damals hatte, zu opfern. Und das war seine Tochter Iphigenie! Nun forderte Artemis sie zum Opfer, erst dann würde sie für Wind sorgen, damit die Flotte losfahren konnte. Obwohl meine Mutter die Sage kannte, war sie beim Erzählen richtig mitgenommen. Ist es nicht furchtbar, ein eigenes Kind, das man lieb gewonnen hat, zu opfern, nur um den Raub der Helena rächen zu können? Auch Agamemnon war zutiefst betroffen. Nein, das wollte er in keinem Fall. Und seine Frau Klytemnaistra würde das nie zulassen.

Doch die Heerführer und vor allem Menelaos, der betrogene Ehemann und Bruder von Agamemnon, drängten Agamemnon zur Besänftigung der Göttin und zur Opferung der Tochter, damit endlich zum Aufbruch. Man hatte Boten nach Mykene gesandt und Iphigenie erschien mit ihrer Mutter Klytemnaistra. Man hatte ihnen vorgetäuscht, dass für Iphigenie eine Heirat mit Achilles geplant war. Agamemnon war völlig durcheinander, so dass die beiden Frauen es spürten. Ein Diener verriet dann die bösen Absichten, dass Iphigenie geopfert werden sollte.

Klytemnaistra war völlig erschrocken und begann wütend zu schreien. Und erst einmal Iphigenie in der Blüte ihrer Jahre. Sie war ja nur ein paar Jahre älter als ich jetzt. Jedoch will ich, meinte meine Mutter, dich mit dieser schrecklichen Geschichte nicht allzu aufregen. Um es kurz zu machen: Iphigenie willigte schweren Herzens ein, sich für das Heer und seine Abreise opfern zu lassen.

Jetzt machte Iokaste eine kleine Pause. Ich war jetzt gespannt und zugleich entsetzt.

Dann geschah am Opferaltar in Aulis etwas Unglaubliches, etwas Geheimnisvolles.

Schon wollte der Priester mit seinem Schwert ausholen, als eine laute Stimme erscholl. „Ein Wunder, ein Wunder!". Iphigenie war plötzlich verschwunden und an ihrer Stelle lag eine Hirschkuh in ihrem Blut.

Der Priester Kalchas stieg auf einen Sockel und verkündete: „Artemis wollte das edle Blut des unschuldigen Mädchens nicht und hat Iphigenie zu sich als Priesterin auf Tauris genommen. Sie ist nunmehr besänftigt"

Und alsbald begann ein Wind vom Land her zu wehen und blähte die Segel der ungeduldigen wartenden Griechen.

Den Kampf um Troja wollte ich von Iokaste gar nicht zuende hören, mir gefielen die vielen Kämpfe und die vielen Toten nicht. Das regte mich nur auf.

Immer wieder musste ich an diese Geschichte denken. So kann es kommen, wenn man hier auf Erden einen Fehler macht, der den Göttern missfällt. Sie vergessen nichts.

Ein andermal erzählte Iokaste mir von dem Ungeheuer, dem Minotauros, halb Mensch, halb Stier, der in einem Labyrinth auf der Insel Kreta hauste. Dort herrschte König Minos und verlangte von den Athenern als Rache für den Mord an seinem Sohn alle neun Jahre sieben Jünglinge und sieben Jungfrauen. Die warf er dem Minotauros zum Fraße vor. Theseus wollte das Untier in dem Labyrinth töten und mit Hilfe der schönen Königstochter Ariadne und dem berühmten Faden, den sie ihm gab, gelang es ihm, den Minotauros zu besiegen und wieder aus dem Labyrinth herauszufinden.

Ich glaube, damals habe ich nachts vom Minotauros geträumt und bin aufgewacht.

Da fällt mir noch eine andere Geschichte ein, die so traurig endet. Am Hofe des Königs Minos lebte als Gefangener der berühmte Künstler Daidalos. Er hatte wieder Sehnsucht nach seiner Heimat Athen, konnte aber nicht fliehen, weil Minos alle Seewege beherrschte. Da hatte er eine grossartige Idee. Oft hatte er den Vögeln zugeschaut, wie leicht und elegant sie sich durch die Luft schwangen. Ja, Flügel müsste man haben. So fing er an, alle Federn, die er irgendwie fand oder von erlegten Vögeln, zu sammeln. Als er genügend hatte, fertigte daraus mit Wachs zwei große Flügel. Sein Sohn Ikaros, der ihm zuschaute, erhielt auch zwei Flügel. Und eines Tages legten sie die Flügel an und schwangen sich in die Luft. Daidalos riet seinem Sohn, nicht zu hoch zu fliegen, wegen der Hitze der Sonne, und nicht zu tief, wegen der Meereswellen. Ikaros war vom Fliegen so begeistert, es war herrlich, unter sich die Welt zu sehen, dass er den Rat des Vaters vergass und immer höher flog. Da passierte das Unglück, das Wachs schmolz, die Federn fielen ab und der Junge stürzte aus der Höhe ins Meer. Nach ihm wurde die Insel Ikaria benannt.

Iokaste liess es sich nicht nehmen, mit dem Zeigefinger zu warnen.

„Du siehst, Übermut ist oft mit einem Sturz verbunden. Deine beiden Brüder müssten das auch mal lernen!"

Meine beiden Brüder schienen wieder mal aneinander geraten zu sein und beschimpften sich lauthals. Es ging darum wer der Stärkste und Schnellste von ihnen sei. Und nicht nur das allein! Jeder von ihnen glaubte, später einmal Anspruch auf den Thron von Theben zu haben.

Sie stritten sogar darum, wer von ihnen den Grossvater Labdakos und darauf den Vater Ödipus auf dem Thron von Theben beerben würde. Jeder von ihnen glaubte, er sei der geeignete dafür. Und Polyneikos machte das Recht der männlichen Erstgeburt für sich geltend. Ich hoffte immer nur, dass Ödipus lange genug leben würde, so dass sich später einmal eine Lösung für diese Frage ergeben würde. Iokaste hielt sich aus diesen Problemen weitgehend heraus.

Als Ödipus das einmal hörte, geriet er ausser sich. „Das geht mir jetzt aber doch zu weit! Noch lebt euer Grossvater Labdakos, auch wenn er schon sehr alt ist. Und auch ich habe noch lange nicht die Absicht, einem von euch beiden die Herrschaft über Theben anzuvertrauen."

Als ich etwas älter war, erzählte mir meine Mutter die Geschichte von der berühmten Dichterin Sappho, die auf der Insel Lesbos gelebt hatte. Sie hatte dort einen Kreis von jungen Mädchen um sich geschart, die teilweise aus ganz Hellas zu ihr kamen und die sie in verschiedenen

Disziplinen ausbildete. Die Mädchen lernten tanzen, singen, sich gepflegt zu unterhalten und ihre Gedanken in Gedichte zu verwandeln. Iokaste meinte, das wäre die ideale Ausbildung für mich gewesen, aber leider wäre Sappho schon vor längerer Zeit gestorben und hätte auch keine Nachfolgerin hinterlassen.

So bemühte sich meine Mutter so gut sie es konnte, auch wenn Ödipus das für unnötig und übertrieben hielt, mir eine gute Ausbildung zukommen zu lassen. Manchmal hatte sie gar die Idee, ich sollte, wenn ich groß bin, einen König heiraten.

Immer wieder erzählte sie mir die Geschichten aus der griechischen Mythologie, weil sie glaubte, das würde mich für mein späteres Leben formen. Ich sollte auf keinen Fall so ungebildet in eine spätere Ehe, mit wem auch immer, eingehen, wie es den meisten Frauen in Hellas geschah.

Nun, die Geschichte von der Flotte Agamemnons war ja noch nicht zuende. So bat ich meine Mutter, mir auch den Rest zu erzählen.

Das sei eine lange Geschichte und damit ich den Grund für die Segelfahrt nach Troja verstünde, müsste sie etwas ausholen.

Vor langer Zeit, als die Götter noch mehr mit den Menschen in Kontakt traten, geschah einem Hirtenknaben mit Namen Paris am Berg Ida etwas Wunderliches. Drei Göttinnen erschienen plötzlich vor ihm, denn Zeus hatte befohlen, einen Streit zu schlichten, wer von ihnen die Schönste sei. Denn Eris, die böse Göttin der Zwietracht, hatte auf einer großen Hochzeit, zu der sie von Zeus nicht eingeladen war, aus Rache einen Apfel mit der Aufschrift ‚Der Schönsten' zu dem Tisch kullern lassen, an dem die drei Göttinnen Hera, Athena und Aphrodite saßen. Kaum hatten sie die Aufschrift gelesen, begann der Streit zwischen ihnen, wer denn die Schönste sei, bis Zeus dem mit einer Entscheidung ein Ende bereitete. Ein hübscher Jüngling sollte diese Frage entscheiden.

Der von den Schönheiten fast geblendete Jüngling entschied sich nicht für Hera oder Athena, obwohl sie ihm viel versprachen, sondern für Aphrodite und sie sagte ihm als Lohn die schönste Frau der Welt zu. Und Götter und Göttinnen halten Wort und vergessen nichts. Durch göttliche Fügung kam nun Paris mit Helena, der schönsten Frau der Welt, in Kontakt. Sie war die Frau des Königs Menelaos von Sparta. Und er entführte sie. Ob sie freiwillig mitging, wusste meine Mutter nicht. Und das Ziel der Entführung war seine Heimat Troja. Das wollten die Griechen rächen und Helena für ihren Mann Menelaos zurückholen. Das war der Grund für den riesigen Kraftakt von Agamemnon. Zehn Jahre lang brauchten sie, um Troja zu erobern und Helena zu befreien.

Meine Gedanken kreisten um diese Frau. Wie schön muss sie wirklich gewesen sein, dass sie der Anlass für einen solchen jahrelangen Krieg gewesen sein muss?

Irgendwie musste ich öfter an die furchtbare Geschichte mit Iphigenie denken. Meine Mutter erzählte mir zwar noch mehr, wie die Griechen vor Troja ankamen und sich dort mit den Trojanern anlegten. Wenn ich ehrlich bin, mich haben die jahrelangen Kämpfe um und vor Troja nie so richtig interessiert. Am abstoßendsten fand ich die grausame Tat von Achilles, als er die Leiche von Hektor an sein Pferd band und ihn um die Stadt herum schleifte. Da stand ich völlig im Gegensatz zu den Brüdern, die natürlich – wohl wie alle männlichen Griechen – für Achilles schwärmten. Er war ihr großer Held.

Rührend erschien mir der Besuch des alten Königs Priamos im Zelt von Achilles, wie er demütig um die Leiche seines Sohnes bat, um ihn nicht den wilden Tieren und gierigen Geiern zu überlassen und ihn mit allen Ehren bestatten zu können.

Gerne denke ich an diese Abendstunden und die mythischen Erzählungen meiner Mutter zurück. Sollte ich dereinst einmal eigene Kinder haben, wollte ich es ebenso machen.

Manchmal, wenn Eurydike, die Frau von Kreon zu Besuch kam, brachte sie ihren Sohn Haimon mit, mit dem ich dann in der Zeit gespielt habe.

Eines Abends bat mich meine Mutter zu sich, um mir eine längere Geschichte über unser Königshaus zu erzählen.

Iokaste offenbarte mir dann, dass sie schon mal verheiratet war. Ihr Mann hiess Lajos. Doch die Ehe blieb kinderlos. Lajos und auch sie waren untröstlich, keinen Sohn als Nachfolger zu haben. So entschied Lajos, sich nach Delphi aufzumachen und das Orakel nach den Ursachen für die Kinderlosigkeit zu befragen und Apollon zu bitten, ihm zu einem Stammhalter zu verhelfen. Ich habe eigentlich von Orakel-Sprüchen nie viel gehalten, denn man konnte es immer ausdeuten wie man wollte. Als Lajos zurückkam, beichtete er mir eine lange vor meiner Ehe mit ihm vorgefallene Geschichte. Er war in Olympia zu Gast bei König Pelops. Dort hatte er den hübschen jungen Sohn Chrysippos so geschmäht und beleidigt, dass dieser sich vor lauter Scham das Leben nahm.

Pelops war natürlich über den Tod des geliebten Sohnes so dermaßen aufgebracht und erzürnt, dass er Lajos verfluchte und ihm eine kinderlose Ehe wünschte. Sollte ihm aber dennoch ein Sohn geboren werden, so war sein Fluch, dass er durch dessen Hand sein Leben verlieren würde.

Das Orakel in Delphi prophezeite ihm, dass der Fluch noch auf ihm ruhte und dass er durch die Hand seines eigenen Kindes den Tod erleiden würde.

Wie gesagt, ich glaubte nicht an diese Weissagung. Aber Lajos nahm sich das offensichtlich so zu Herzen, dass er sich weigerte, mit mir ein Kind zu zeugen. Aber irgendwann, nach einem langen Gelage, habe ich ihn überlistet.

Nach neun Monaten bekamen wir einen Sohn. Ich war so glücklich, dass mein Wunsch endlich in Erfüllung gegangen war. Lajos fühlte sich überrumpelt und eingedenk der Prophezeiung wollte er das Kind so schnell wie möglich loswerden. So beauftragte er seinen Lieblingsknecht, das Kind irgendwo im Kithairon-Gebirge auszusetzen, damit die wilden Tiere es fräßen. Ich habe tagelang geweint, mein erstes, so lange ersehntes Kind, und es einfach so wegzugeben! Aber Lajos liess nicht von seinem Plan ab. Du kannst es in deinem Alter noch nicht ermessen, was es für eine Mutter bedeutet, ein Kind, das man so lange unter seinem Herzen getragen hat, auf so eine gemeine Weise zu verlieren.

Aber jetzt wirst du mit Sicherheit fragen: Wo ist Lajos geblieben? Wie hast du deinen ersten Mann verloren?

Das ist eine andere Geschichte, die ich dir demnächst mal erzählen will.

Das war für mich etwas Neues. Dachte ich doch immer, Polyneikos, mein älterer Bruder, wäre der Erstgeborene im Königspalast von Theben.

Jetzt war ich neugierig geworden und wollte ein wenig mehr über unsere Familiengeschichte wissen..

Eines Tages, als sich meine beiden Brüder sich herabgelassen hatten, sich einmal mit uns zusammen auf eine Bank zu setzen, fragte ich Polyneikos: Wieso heisst unser Vater eigentlich Ödipus? So heisst doch hier in Theben niemand! Das ist doch ein völlig ungewöhnlicher Name. Schwellfuss, geschwollener Fuss! Ich habe, solange ich den Namen kannte, nie beobachtet, dass der Vater geschwollene Füße hat oder nicht gehen kann.

Polyneikos kratzte sich etwas verlegen am Kopf. „Wenn ich ehrlich bin," war seine Antwort, „darüber habe ich mir noch nie Gedanken gemacht. Am besten ist, du bringst den Mut auf und fragst ihn mal persönlich, wenn du schon so wissbegierig bist."

Ich war etwas im Zweifel. Sollte ich ihn jetzt selbst fragen oder nicht?

Nach der Unterhaltung mit meiner Mutter wollte ich nun das auch noch klären.

Als ich mal mit meinem Vater allein am Tisch sass, fragte ich ihn rundweg danach.

„Du hast mir immer, schon als Kind, eingeflüstert, wenn man nicht fragt, dann kann man auch nie etwas Neues erfahren."

„Was gibt es denn Besonderes? Dass du jetzt auf die Idee mit dem Fragen kommst?"

„Ich mache mir oft Gedanken, woher die Namen der Menschen kommen. Daher interessierte mich auch, woher dein Name eigentlich rührt."

Ödipus überlegte lange.

Dann meinte er: „Im Grunde weiss ich es selbst auch nicht genau, denn ich war damals zu klein. Meine Mutter Merope und mein Vater Polybos, König von Korinth, haben mit mir nie ausführlich darüber gesprochen. Das einzige, was sie mir sagten, war: Ich hätte als Säugling oft schmerzhafte Schwellungen an den Füßen gehabt und deswegen oft geweint. Sie mussten deswegen mehrmals einen Arzt holen, der mich wohl mit Kräutern und Salben behandelt hat. Mit der Zeit wurde es besser und verschwand ganz, aber der Name Ödipus ist mir geblieben."

Damit war ich erst einmal zufrieden und habe es meinen Brüdern und auch Ismene erzählt. Aber irgend etwas stimmte in der ganzen Geschichte nicht und ich beschloss, meine Mutter das nächstemal zu fragen.

Warum ist unser Vater eigentlich nicht in Korinth geblieben? Er war doch immerhin der einzige Sohn des Königs und hätte doch dort den Thron besteigen können? Wieso ist er hierher nach Theben gekommen?

„Das ist eine etwas unangenehme und längere Geschichte," meinte meine Mutter und ich hatte das Gefühl, dass sie etwas ungern darüber berichten wollte, „aber irgendwann werden wir ja alle im Hades landen und da ist es besser, wenn auch du darüber Bescheid weisst. Ödipus war zu einem Jüngling herangewachsen, als er an einem festlichen Gelage teilnahm. Es war schon viel Wein geflossen, als einer der jungen Männer im trunkenen Zustand spottete, Ödipus sei ja überhaupt kein rechtmässiger Thronfolger. Er sei kein Kind von Polybos und Merope. Du kannst dir vorstellen, wie wütend Ödipus wurde und auf den unverschämten Kerl losging. Er konnte diese Beleidigung einfach nicht vergessen und beschloss, seine Eltern zur Rede zu stellen. Die waren natürlich entsetzt über diese Frage und taten ihr bestes, um ihn in dem Glauben zu lassen, dass er ihr eigener Sohn sei. Aber die Zweifel nagten wohl in Ödipus weiter, denn wie konnte jemand einfach ohne Grund eine solche Behauptung, dazu in einem größeren Kreis, von sich geben. Ob da wohl ein Körnchen Wahrheit dran wäre? Also machte sich Ödipus auf, um beim Orakel in Delphi Rat zu suchen. Er hatte einiges dem Gott Apollon geopfert und beschloss, jedwede Antwort der Priesterin, der Pythia, zu akzeptieren. Nun geschah etwas ganz Erschreckendes, womit Ödipus überhaupt nicht gerechnet hatte. Der Priester deutete die Aussage der Pythia:

‚Verschwinde so schnell wie möglich von dieser heiligen Stätte. Du wirst Unheil über deine ganze Familie und über dein Geschlecht bringen. Du wirst deinen Vater töten, seinen Thron besteigen und die eigene Mutter heiraten. Deine Kinder werden ihr ganzes Leben unter diesem Fluch leiden.'

Du kannst sicher nachvollziehen, wie erschrocken Ödipus über diese Prophezeiung war, die ja seine Eltern Polybos und Merope betraf. Nun, er wollte dem vorbeugen und entschied, nie wieder nach Korinth zurück zu kehren und machte sich auf den Weg in Richtung Theben. Unterwegs ist ihm noch eine unangenehme Geschichte passiert. Aber das soll er dir am besten selbst erzählen, denn er hat es ja persönlich erlebt."

Iokaste hatte es etwas spannend gemacht, so dass ich gar nicht abwarten konnte, die restliche Geschichte zu erfahren.

Bei der nächstbesten Gelegenheit – ich glaube, Ödipus war gerade gut gelaunt – trat ich mit meinem Anliegen an ihn heran. Kannst du mir erzählen, was damals auf deiner Reise von Delphi nach Theben unterwegs passiert ist?

„Ist das denn so wichtig," meinte er.

Nun, Mutter hat mir den Anfang erzählt, jetzt wollte ich gern die Fortsetzung deiner Reise kennen lernen.

Und Ödipus erklärte sich dann doch bereit, mir über den Fortgang der Geschichte zu berichten.

„Wie Iokaste dir sicher schon erzählt hat, hatte mich die delphische Prophezeiung dermaßen bestürzt, dass ich diesem Schicksal entgehen wollte und machte mich auf den Weg nach Theben, um meine Eltern in Korinth nie wieder zu sehen. Unterwegs kam ich an eine Wegesenge, als mir ein Herold entgegenkam und hinter ihm ein Pferdegespann mit einem Mann darauf. Der Weg war sehr eng und ich versuchte an diesem Gefährt vorbeizugehen. Der Treiber drängte mich ab, voller Zorn schlug ich auf ihn ein. Da zückte der Mann auf dem Gefährt seine Peitsche und schlug sie mir übers Gesicht. Vor lauter Schmerz und wie von Sinnen stiess ich ihn mit meinem Wanderstab vor die Brust, dass er rücklings von seinem Wagen herunterfiel und sich an einem spitzen Stein zu Tode stürzte. Als seine Begleiter das sahen, fielen sie allesamt über mich her. Aber ich war schneller und kräftiger als sie. Ich habe sie alle erschlagen, bis auf einen, der es vorzog, eilends zu fliehen. So, jetzt kennst du meine Vorgeschichte."

So recht zufrieden war ich noch nicht. Wie kamst du dann aber nach Theben und wurdest hier König?

„Nach diesem Ereignis setzte ich meine Wanderung in Richtung Theben fort. Als ich in die Nähe der Stadt kam, fiel mir auf, dass die Menschen mich so ängstlich anstarrten und schnell wieder in ihren Häusern verschwanden. Keiner wollte mit mir reden. Und dann sah ich sie, hoch oben auf einem Felsen sitzen, sie, die Sphinx. Du musst wissen, diese Sphinx ist ein furchteinflößendes Ungeheuer. Sie hatte den Kopf und die Brust einer Frau, den Körper eines Löwen, links und rechts die Flügel eines Adlers und dazu noch Krallen aus Eisen. Das Ende des Schwanzes zierte ein Drachenkopf. Jetzt verstand ich, warum die Einwohner von Theben mitsamt ihren Herden in ständiger Angst lebten. Wie man mir später erzählte, hatten viele tapfere junge Männer versucht, die Stadt von diesem Fluch zu befreien, doch keiner kam je zurück. Die Sphinx lauerte am Wegesrand den Menschen auf und gab den Menschen ein Rätsel auf. Wer das Rätsel nicht lösen konnte, wurde von ihr mit Haut und Haaren aufgefressen. Man sagte, erst dann würde sich das Untier vom Felsen stürzen, wenn jemand daherkäme und das Rätsel lösen konnte."

Ich hatte ganz gespannt und zugleich ängstlich zugehört.

„Ja, hattest du denn keine Angst vor diesem schrecklichen Wesen?"

„Ich nahm alle meinen Mut zusammen und ging auf die Sphinx zu. Sie hatte furchtbare Augen und spielte mit ihren Krallen. Sie schien sich darauf zu freuen, wieder ein Opfer zu finden. Aber sie wollte mir erst ein Rätsel aufgeben.

‚Welches Wesen läuft am Morgen auf allen vieren, am Mittag auf zwei und am Abend auf drei Beinen?'

Zum Glück fiel mir gleich die Lösung ein.

Es ist der Mensch. Am Anfang seines Lebens kriecht er auf allen Vieren, wenn er älter wird, geht er auf zwei Beinen und am Lebensabend stützt er sich auf einen Stock.

Die Sphinx stiess einen furchtbaren Schrei aus, der mir durch Mark und Bein drang, und stürzte sich von dem hohen Felsen. Es war mir gelungen, durch blitzschnelles Nachdenken die Lösung zu finden und dem Wirken des schreckenerregenden Untiers ein Ende zu bereiten."

Da müssen die Götter dich wirklich unterstützt haben, dass du das geschafft hast, sagte ich.

„Es sprach sich in Theben schnell herum und überall, wohin ich kam, traten die Thebaner aus ihren Häusern heraus und bedankten sich bei mir.

Mittlerweile war wohl der Diener eingetroffen, der dem Kampf in jener Wegesenge entflohen war und erzählte, dass sie von einer Räuberbande überfallen worden seien und er sich als einziger retten konnte. Auf dem Platz vor dem Königspalast hatte Kreon, der Bruder von Iokaste, die Bürger zusammengerufen und berichtete ihnen vom Ende ihres Königs Lajos. Das Land hatte ja nun keinen Thronfolger. Er schlug vor, dass derjenige den Thron und auch die nun ledige Königin bekommen sollte, der das Land von diesem Ungeheuer befreien würde. Da kam ein Bote herbeigelaufen mit der freudigen Nachricht vom Tode der Sphinx und wies auf mich. So wurde ich König von Theben und ich nahm mir vor, nie wieder nach Korinth zurückzukehren.

So jetzt kennst du die ganze Geschichte. Und Polyneikes, Eteokles, Ismene und du, ihr seid die Kinder, die uns nach unserer Hochzeit geschenkt wurden."

Mir war aufgefallen, dass sich Teiresias, der blinde Seher der Stadt, in der Nähe meines Vaters immer so eigenartig benahm. Er stand in hohem Ansinnen, da man ihm nachsagte, er könne vieles sehen, was anderen Menschen verborgen blieb. Ich kann es nicht erklären, aber er war mir nicht sympathisch.

Mein Vater Ödipus war als König bei den Menschen sehr beliebt, denn sie hatten ihm die Rettung von der Geissel der Sphinx nicht vergessen.

Die Götter schienen es gut mit uns und Theben zu meinen.

Doch – ich glaube, ich war wohl fünfzehn oder sechzehn Jahre alt – änderte sich irgend etwas in Theben. Ich hörte meine Mutter oft seufzen und klagen. Sie meinte, diese Zeiten seien jetzt ja schlimmer als damals, als uns die Sphinx drangsalierte.

Leidenszeit

Wenn ich aus dem Fenster schaute, so stieg überall von den Opferstätten Rauch empor und zudem hörte ich die monotonen Bittgesänge der Priester. Niemand konnte sich die Ursachen erklären. Der Regen war ausgeblieben, wie ich hörte, verdurstete das Vieh auf den Weiden, die Saat ging nicht an und das Getreide vertrocknete auf den Feldern. Ich bat einen unserer Diener, mich einmal mitzunehmen, denn ich wollte mir es selber anschauen. In der Tat, es war ein trostloser Anblick, das frühere satte Grün war bräunlichen Tönen gewichen und die Tiere, die noch lebten, waren völlig abgemagert.

Eines Tages versammelten sich die Thebaner vor dem Königspalast, geführt von den weisen Alten, die ebenso verzweifelt waren.

Ich schaute durch ein Fenster. Iokaste stand hinter mir. Es wurden draußen immer mehr, das Stimmengewirr immer lauter.

Da sagte Iokaste zu Ödipus: „Ich glaube, du kommst nicht drum herum, vor das Tor zu gehen und mit den Menschen zu reden. Das wird wohl deren Wunsch und Anliegen sein. Sie wollen jetzt endlich mit dir über ihre Sorgen und Nöte reden."

Ödipus trat hinaus und begrüsste die Menge: „Ihr Nachfahren des berühmten Kadmos. Viel habe ich durch Boten vernommen und ich sehe überall die Weihrauch-Opfer. Nun will ich hier an dieser Stelle von euch selbst hören, was euch so bedrückt und euch Sorgen macht. Du edler Greis, bist dazu berufen, mir Rede und Antwort zu stehen. Denn ich möchte, so gut ich kann, euch helfen, mein Mitleid ist groß."

Der Priester hatte eine laute Stimme und so konnte ich alles deutlich verstehen.

„Herrscher unseres Landes, Ödipus. Ich, Priester des Zeus, fühle mich berufen, für uns alle sprechen. Du siehst hier Junge und Alte, in Sorge vereint. Vor dem Tempel der Athene hocken die Menschen und bitten um Hilfe. Wir leiden an Hunger, das Getreide verfault auf dem Felde und unsere Herden verenden. Die Frauen gebären kaum noch Kinder oder die Kinder sterben gleich bei der Geburt. Und ob das alles nicht schon genug sei: Der blindwütige Ares quält uns obendrein mit der Pest, der so viele Thebaner erliegen.

Wir alle, Knaben, Jünglinge, Männer und Greise, wir glauben, dass du der Einzige bist, der uns helfen kann. Uns ist bewusst, dass du auch kein Gott oder gottgleich bist, aber du bist doch unter uns allen der Weiseste. Warst du es nicht, der uns von dem Drangsal der Sphinx befreit hast? Wir alle flehen dich an, versuche, auch mit Hilfe der Götter, die Stadt Theben vor dem Untergang zu befreien. Die Menschen sterben - willst du über eine öde, leere Stadt herrschen. Was nützt den Menschen ein Schiff, wenn keine Mannschaft in die Ruder greift?"

Mir taten die Thebaner leid und ich hoffte, mein Vater, dem sie ja so sehr vertrauten, würde eine Lösung finden.

Ödipus dachte etwas nach und versuchte die rechten Worte zu finden.

„Ihr armen Kinder, ich weiss um euer Unheil und mir ist bekannt wie ihr leidet. Aber glaubt mir, mein Leid ist vielmals grösser als eures. Denn es geht ja nicht um mich selbst, sondern ich trage Verantwortung für die ganze Stadt. Iokaste könnte es bezeugen, ich habe darüber schon so manche Träne vergossen. Und zugleich habe ich nachgedacht, wie uns am besten zu helfen ist. Ich wollte den Grund für die Strafe der Götter wissen. So beschloss ich, Kreon, den Bruder meiner Frau, nach Delphi zu entsenden, um Phoibos Apollon um Rat zu fragen. Was immer der Gott enthüllen mag, ich werde seine Gebote treulich erfüllen."

Kaum hatte Ödipus geendet, als man Kreon aus der Ferne sich nähern sah.

Sein Gesicht strahlte Zuversicht aus. Mein Vater war gespannt.

„Lieber Schwager!" sagte er, nachdem Kreon näher gekommen war, „was bringst du uns als des Orakels Spruch mit."

„Wir müssen nur die Forderungen des Gottes erfüllen, dann sind wir gerettet."

„Du kannst offen vor all diesen Menschen hier sprechen. Alle sollen es hören."

„Vernehmt also, was Apollon uns verkündet: Ein Schandfleck liegt auf dieser Stadt. Ein Mord ist geschehen und der Täter, wenn er in dieser Stadt lebt, muss entweder aus Theben verjagt werden, durch Ächtung gestraft oder, indem man gleiches mit gleichem vergilt, getötet werden. Nur so kann die Stadt von dieser Schande gereinigt und von ihrem Leid erlöst werden."

„Sag mir, um welchen Mord es geht?"

„Bevor du zu uns kamst, herrschte Lajos über diese Stadt. Er wurde ermordet. Und Apollon befiehlt uns, die Mörder – wer immer es auch sei – zu strafen. Das ist die einzige Möglichkeit, die uns helfen wird."

Ödipus wollte es genauer wissen. „Wo finden wir sie? Wo ist es denn passiert?"

„Lajos brach zum Orakel von Delphi auf, um Apollon wegen der Sphinx um Rat zu fragen. Aber er kehrte nie mehr zurück."

„Was war denn mit seinem Gefolge? Er war doch nicht allein? Hat es denn niemand gesehen?"

„Sie kamen alle ums Leben, bis auf einen, der geflohen war, aber der sagte nichts Genaues, nur, dass es Räuber gewesen sind, die Lajos erschlagen haben. Ich habe ein schlechtes Gewissen, wir taten unser bestes zur Aufklärung, aber zu der damaligen Zeit prägte die Sphinx und die Furcht vor ihr die Gemüter der Thebaner, für andere Tätigkeiten hatten wir einfach keine Zeit und Muße."

Ödipus stand noch immer vor dem Tor. Mit lauter Stimme rief er:

„Nun denn, ihr Bürger von Theben, die Götter haben mich an diesen Platz gestellt und ich will alles in meiner Macht Stehende tun, um Licht in diese Dunkelheit zu bringen. Wir müssen Apollon dankbar sein, dass er uns auf diesen Pfad der Klärung gelenkt hat. Ich tue es nicht nur aus Respekt vor dem Toten, sondern auch ein wenig in meinem eigenen Interesse. Könnte der Mörder es eines Tages vielleicht auch auf mich abgesehen haben?"

Die Männer zerstreuten sich, auch Kreon verliess den Platz. Nur der Priester und die Älteren blieben.

Ich spürte deutlich, dass Ödipus grübelte und nach einer Lösung suchte.

Erneut wandte er sich jetzt an die Greise.

„Zwar bin ich erst nach dem Mord in diese Stadt gekommen und kenne die näheren Umstände nicht so genau. Aber ich fordere jeden auf, der etwas weiss, durch welchen Mann Lajos den Tod fand, es mir zu melden. Und sollte der Mörder unter euch sein, so braucht er keine Furcht haben. Er wird des Landes verwiesen. Sollte aber jemand – aus welchem Grund auch immer – etwas verheimlichen, so soll, das ist mein Gebot, niemand ihn aufnehmen, niemand mit ihm reden und er ist von allen Opferhandlungen ausgeschlossen. Niemand darf ihm geweihtes Wasser reichen. Er soll als Geächteter durch die Lande ziehen. Möge ihm, der es getan hat, ein unheilvolles Leben voller Leid bevorstehen. Ich möchte noch etwas ergänzen: Sollte sich der Mörder in meinem Haus aufhalten, so gelten meine Flüche auch für ihn. Ich halte es für meine Pflicht, mich für die Aufklärung des Todes einzusetzen, als ob er mein Vater gewesen wäre. Denn Lajos entstammt immerhin dem Geschlecht des berühmten Kadmos, des Gründers von Theben.‟

Ödipus machte jetzt eine Pause.

Da trat der älteste der Greise vor ihn hin.

„Erlaube mir, dass ich dich ein wenig unterstütze. Wir kennen den Mörder nicht. Allein Apollon weiss es. Aber einen Gott kann man nicht zwingen, etwas zu verraten. Ich denke nun an Teiresias. Er ist zwar blind. Aber er vermag Dinge zu sehen, die anderen verborgen sind.‟

„Du hast Recht, das wäre eine Lösung, auch Kreon hat mir diesen Rat schon gegeben. Daher habe ich schon zwei Boten zu ihm geschickt, er müsste eigentlich schon hier sein.‟

Mir wurde es jetzt etwas unheimlich.

Wie sollte jetzt der blinde Teiresias, der von einem Knaben hierher geführt wurde, zur Lösung dieses Rätsels beitragen?

Ödipus wandte sich gleich an ihn.

„Teiresias, der du vieles siehst und dir vieles bekannt ist, wir bitten dich, die Stadt, obwohl du sie nicht sehen kannst, zu retten. Denn ich glaube, du spürst das Leid genauso wie wir. Sicherlich haben dir die Boten schon erzählt, warum es geht. Das Delphische Orakel sagte aus, dass wir den Fluch, der über dieser Stadt liegt, nur abwenden können, wenn wir Lajos' Mörder finden und sie töten oder des Landes verweisen. Wir erhoffen nun von dir mit deinen besonderen Gaben des Sehens die Errettung von diesem Fluch.‟

Nun war ich gespannt auf die Antwort des Sehers. Er zögerte und wechselte von einem Bein aufs andere. Ich stand mit meiner Mutter hinter einem Fenster, konnte aber den Seher ein wenig schwer verstehen, da er sehr leise sprach.

„Klarsehen kann manchmal schrecklich sein, wenn es für den Sehenden nicht von Vorteil ist. Irgendwie hatte ich etwas geahnt und wäre am liebsten gar nicht gekommen. Lass mich wieder gehen, das wäre das Beste für mich und für dich."

„Ich verstehe dich nicht. Du kannst doch dein Wissen der Stadt, in der du geboren bist und die dich ernährt, nicht verweigern! Willst du Theben zu Grunde richten?"

Teiresias schien sich nicht erweichen zu lassen, so dass Ödipus bereits zornig wurde und ihm unterstellte wohl an dem Mord beteiligt gewesen zu sein.

„Je mehr ich darüber nachdenke, so scheinst du die Tat mit ausgeheckt zu haben. Zwar nicht mit deinen Händen, doch hättest du das Augenlicht, hättest du dich daran beteiligt."

Nun schien Teiresias etwas außer sich zu sein.

„Ist das wirklich deine Überzeugung? Fortan unterlasse es, zu den Leuten hier zu sprechen, denn du selbst bist es, der das Unheil für diese Stadt bedeutet!"

Iokaste neben mir fuhr erschrocken zusammen. „Wie kann dieser Mensch es wagen, eine solche Behauptung auszusprechen?"

Ödipus schien es ähnlich zu empfinden.

„Was erlaubst du dir deinem König gegenüber? Bist du dir im Klaren darüber, dass eine Bestrafung auf dem Fuße folgt!"

„Es ist nichts als die Wahrheit! Du selbst hast mich gezwungen, sie zu verkünden. Ich habe keine Angst vor einer Bestrafung!"

Aber Ödipus wollte es ganz genau wissen.

Tage der Klärung

„Sag es mir noch einmal, damit ich es eindeutig verstehen kann." Jetzt schien Teiresias die Geduld verloren zu haben und schrie: „ Und ich sage dir: Der Mörder von Lajos, den du suchst, das bist zu selber! Ich kann dir noch weiteres sagen, nur würde dein Zorn nur noch größer werden."

Ödipus machte eine Handbewegung, als wollte er das von Teiresias Gesagte wegwischen.

„Man könnte Mitleid mit dir haben, würdest du nicht solche Lügen in die Welt setzen. Aber um mal Klarheit zu bekommen: Hast du dir diese Anschuldigungen allein ausgedacht oder hat Kreon dich dabei unterstützt?"

„Wie kommst du denn auf diese Behauptung? Kreon hat mit alledem überhaupt nichts zu tun!"

„Herrscher haben immer viele Neider, die ihnen voller Missgunst ihre Macht und ihren Reichtum missgönnen. Ich kann mir lebhaft vorstellen, dass Kreon, der Bruder meiner Frau, nach außen hin freundlich tut, aber insgeheim nach dem Thron von Theben schielt. Da kamst du ihm gerade als Werkzeug gelegen. Was soll ich denn überhaupt von deinen prophetischen Künsten halten? Warum konntest du damals, als die Sphinx die ganze Stadt in Angst versetzte, deine angeblich herausragenden Fähigkeiten nicht einsetzen, um ihr Rätsel zu lösen, um der Stadt zu helfen und der so viele tapfere Männer zum Opfer gefallen sind. Ich, Ödipus, musste erst kommen, zwar nicht mit seherischen Fähigkeiten ausgestattet, aber mit einem klaren Verstand, um Theben von diesem Ungeheuer zu erlösen. Jetzt hast du dich Kreon angedient um mich mit seiner Hilfe vom Thron zu verdrängen."

Die Antwort Teiresias' liess nicht lange auf sich warten.

„Du bist zwar hier der Herrscher, aber ich bin nicht dein Diener und habe auch das Recht mich zu verteidigen. Nur Apollon ist mein Gebieter! Du hast zwar meine Blindheit verhöhnt, doch eigentlich bis du es, der nicht sieht, wie tief du gesunken bist."

„Ich kann dein Geschwätz nicht mehr ertragen. Es ist genug, jetzt verschwinde und lass dich hier nie mehr sehen!"

Aber so schnell liess sich Teiresias nicht vertreiben.

„Ich wäre nicht gekommen, wenn du mich nicht gerufen hättest. Du hältst mich für einen Narren, deine Eltern hingegen schätzten meine Weisheit sehr!"

Ödipus schien nun etwas verwirrt und ich muss gestehen, mir wurde die ganze Angelegenheit immer unverständlicher.

„Was hat das mit meinen Eltern zu tun? Die leben in Korinth und nicht hier?"

„Du wirst diese Antwort gleich erfahren, aber sie wird dich zerstören. Auch wenn du noch so eingebildet bist, weil du das Rätsel der Sphinx gelöst hast und Theben gerettet hast. Aber bevor ich gehe, möchte ich dir in aller Deutlichkeit noch etwas nahe bringen. Lajos' Mörder bist du, das sagte ich dir schon. Du bist kein Fremder hier, du wirst dich aber zu deinem Leidwesen gleich als Thebaner entpuppen. Mit deinen eigenen Kindern lebst du zusammen, du bist ihnen Vater und Bruder zugleich. Und die Frau, die du geheiratet hast, ist deine Mutter, die dich geboren hat. Und du bist der Mörder deines eigenen Vaters. So, jetzt gehe ich. Denke darüber nach!"

Iokaste war wieder an meine Seite getreten und hatte die letzten Worte mitgehört.

„Es ist schrecklich, was dieser Blinde da verkündet. Aber ich bin etwas skeptisch, denn so oft sind, wie du weisst, Weissagungen und Prophezeiungen nicht eingetreten!"

Ödipus betrat jetzt den Raum und schien ein wenig aufgelöst.

„Ist das nicht ungeheuerlich, was dieser Seher da von sich gibt. Ob er das mit Kreon zusammen ausgedacht hat?"

Iokaste winkte ab. „Das traue ich meinem Bruder nicht zu. Er war immer treu und zuverlässig."

Draussen vor dem Palast trat jetzt Kreon etwas aufgebracht vor die Greise. Mit lauter Stimme wandte er sich jetzt an die Bürger.

„Was muss ich erfahren? Mit bösartigen Worten hat mich der König verleumdet. Das kann ich nicht auf mir sitzen lassen! Die ganze Stadt würde mich ja nach diesen Anschuldigungen als Schurken betrachten. Mit so einem Ruf ist für mich das Leben nicht mehr lebenswert."

Ich hoffe, die jetzt stattfindende tragische Szene einigermaßen richtig so aus dem Gedächtnis wiederholen zu können.

Als Ödipus das hörte, stürmte er aus dem Schloss und fuhr Kreon an: „Wie kannst du in aller Unverschämtheit es wagen, hier aufzutauchen. Du, der du mich als Lajos' Mörder hinstellst und zudem ein Auge auf meinen Königsthron geworfen hast! Meinst du etwa, ich hätte dich nicht durchschaut? Hast du mich nicht gedrängt, Boten nach diesem ehrenwerten Seher zu schicken?"

Kreon jedoch wollte sich das nicht gefallen lassen.

„Auch du solltest mich einmal anhören, selbst wenn du mir vorwirfst, nicht die Wahrheit zu sagen!"

Ödipus schien jetzt zu überlegen.

„Sag mir einmal, wie lange ist es eigentlich her, dass Lajos ermordet wurde? Einfach spurlos verschwand? Und das erscheint mir wichtig, war damals dieser Seher auch schon in euren Diensten? Und hat er mich irgendwie erwähnt?"

„Nein, aber wir haben ihm immer vertraut," antwortete Kreon.

„Und warum hat er sich damals nicht dazu geäussert? Und wieso gerade meldet er sich jetzt? Habt ihr euch abgesprochen, dass er mich als Mörder von Lajos bloßstellen soll?"

Es war mir zwar peinlich, alles mit anzuhören, aber wenn ich damals darüber nachdachte, dann ging es auch mich und meine Schwester Ismene an. Meine Brüder waren an diesem Disput überhaupt nicht interessiert. Mein Vater also sollte ein Mörder sein, dazu noch an dem früheren Mann meiner Mutter? Das kam mir unglaubhaft vor.

„Kannst du dir vorstellen," entgegnete nun Kreon „was mich am Königsthron reizen würde. Ich kann ohne die ständige Verantwortung ruhig schlafen und die Menschen kommen zu mir, um Rat zu holen. Warum sollte ich das aufgeben? Was gedenkst du nun mit mir zu tun, willst du mich verbannen?"

„Für Verräter wie dich gibt es nur eine Strafe. Den Tod!"

„Wie kannst du so etwas fordern, ohne Beweise zu haben."

Iokaste war jetzt wieder hinter mich getreten und hatte die letzten Sätze mit gehört.

„Kreon ist mein Bruder. Und ich glaube nicht, dass er so eine Ge- meinheit angezettelt hat. Jetzt werde ich die beiden Streithähne mal be- ruhigen" sagte sie und eilte aus dem Tor.

„Seid ihr denn noch ganz bei Trost? Das ganze Land leidet bittere Not und ihr führt hier persönliche Wortgefechte aus! Du, Ödipus, gehst zu- rück in deinen Palast und du, Kreon, mach dich auf den Weg nach Hause!"

So habe ich meine Mutter noch nie erlebt. Für mich war es einfach unvorstellbar, dass eine Frau den Mut hatte, in dieser Männerwelt den Männern auch noch Befehle zu erteilen. Das ganze Geschehen musste ihr schon sehr nahe gegangen sein.

Kreon wollte ihr seine Sicht erklären: „Ich habe nichts getan, was an- zuklagen wäre. Und dein Mann will mich gar des Landes verweisen oder töten lassen. Aber bei Apollon, ich bin unschuldig!"

„Ich glaube ihm," Iokaste, „aber jetzt möchte ich endlich einmal wis- sen, warum es eigentlich geht. Ich kann mir gar nicht erklären, warum sich in dir solch ein Zorn angestaut hat."

„Jetzt möchte ich es dir selbst erklären. Er nennt mich den Mörder von Lajos."

„Hat er das selbst behauptet oder hat er das von jemandem anders er- fahren?" versuchte Iokaste etwas Licht in diesen Streit zu bringen.

„Dieser Seher, diesen zwielichtigen Gesellen hat er angestiftet. Aber selbst will er sich nicht einbinden."

Das war für Iokaste das Stichwort, da sie ohnehin diesen Weissagun- gen nicht traute.

„Jetzt, Ödipus, lass dir von mir mal etwas deutlich sagen. Es gibt kei- nen Sterblichen, der die Seherkunst beherrscht. Das ist allein eine Sache der Götter! Damit du mir Glauben schenken kannst, will ich dir ein Bei- spiel erzählen. Lajos war in Delphi und dort wurde ihm von den Pries- tern, nicht von Apollon selbst, prophezeit, er werde von der Hand des eigenen Sohnes sterben. Nun wissen wir, dass Lajos auf seiner Reise nach Delphi, als es um das Leiden von Theben ging, auf dem Rückweg von Räubern an einer Wegekreuzung überfallen und getötet wurde. Als damals unser Sohn geboren wurde, erinnerte sich Lajos an den Fluch des Königs Pelops. Kaum war das Kind drei Tage alt, liess er es an den

Fußgelenken zusammen binden und von einem Diener im Gebirge aussetzen. Die Prophezeiungen haben also nicht gestimmt. Der Sohn konnte also nicht zum Mörder des Vaters werden und Lajos hat nicht das, wovor er sich gefürchtet hatte, erlitten. Du siehst also, dass du dich nicht von solchen Sehersprüchen beeinflussen lassen sollst. Trau also Weissagungen von Sterblichen nicht. Wenn Götter etwas enthüllen wollen, dann machen sie das selbst!"

Ich muss gestehen, dass die Angelegenheit mir immer verworrener vorkam. Die Erzählung von Ödipus kam mir wieder in den Sinn. Hatte der Name Ödipus, Schwellfuß, etwas zu tun mit den Fesseln, die das Kind an seinen Beinen gehabt hatte. Sollte da ein Zusammenhang bestehen? Nein, so recht glauben konnte ich es einfach nicht. Das war sicher rein zufällig.

Ödipus schien nachdenklich zu werden.

„Du hast gesagt, Lajos wurde an einer Dreiwege-Kreuzung erschlagen. Auf dem Weg von Delphi hierher. Er war von grösserer Gestalt, wie du erzählst, und ein wenig sähe er mir ähnlich. Und sie waren zu fünft und nur einer entkam? Der war es sicherlich, der euch die Nachricht von Lajos' Tod brachte? Und lebt er noch bei euch?"

Man konnte bemerken, dass Ödipus zusehends beunruhigter schien. Auch Iokaste wurde unsicher, liess es sich aber nicht anmerken.

„Er brachte die Schreckensbotschaft kurz bevor du nach Theben kamst. Er brachte die Botschaft, aber er flehte mich an, ihn aus dem Palastdienst zu befreien und ihn als Hirten aufs Land zu schicken. Zwar hatte ich den Grund damals nicht so recht verstanden, aber ich tat ihm den Gefallen."

„Das muss doch einen Grund gehabt haben," meinte Ödipus zu Iokaste, „könnte man ihn hierher holen. Du wirst sicherlich fragen, warum. Nun, ich möchte das jetzt endgültig klären, denn so langsam erscheint mir die ganze Angelegenheit immer merkwürdiger zu werden. Du bist die Einzige, zu der ich jetzt vertrauensvoll sprechen kann. Also: Mein Vater war Polybos, König von Korinth, meine Mutter war Merope. Und ich galt als der Nachfolger auf dem Thron. Eines Abends, wir hatten gehörig gezecht, da warf mir einer der Burschen, ziemlich betrunken, vor, ich sei überhaupt nicht der rechtmässige und wahre

Sohn der beiden. Im Zorn ging ich auf ihn los. Aber es liess mir keine Ruhe. So erzählte ich diese Beleidigung meinen Eltern. Die waren höchst empört, was mich erst einmal erfreute. Jedoch es wurmte weiter in mir und ohne das Wissen der Eltern machte ich mich nach Delphi auf, um vom Orakel eine Klärung zu erfahren. Doch Apollon schickte mich weg. Auf mir würde ein Fluch liegen, ich würde meinen Vater töten und meine Mutter ehelichen und mir ihr Kinder zeugen. Voller Schrecken wollte ich nie wieder nach Korinth zurückkehren und floh in die entgegengesetzte Richtung. Dabei kam ich in diesen Engpass, von dem du berichtet hast, dort sei Lajos getötet worden. Da kam mir ein von Rossen gezogener vierrädriger Wagen entgegen. Man wollte mich abdrängen, doch ich wehrte mich. Als der Mann auf dem Wagen das sah, hieb er mir mit seiner Peitsche übers Gesicht. Vor Schmerzen stiess ich ihn mit meinem Wanderstab mit aller Kraft vor die Brust, so dass er rückwärts vom Wagen fiel und sich an einem spitzen Stein verletzte und starb. Die anderen wollten ihren Herrn rächen und fielen über mich her. Ich erschlug sie alle, bis auf einen, dem es gelang zu fliehen. Sollte ich nun dieser unglückliche Mann gewesen sein, dann hätte das schreckliche Folgen. Keiner dürfte mehr mit mir reden, ich wäre überall verhasst und müsste das Land verlassen. Nach Korinth kann ich nicht zurückkehren, damit sich die Prophezeiung nicht erfüllt, ich würde meinen Vater töten und meine Mutter zur Frau nehmen. Aber eine Hoffnung bleibt mir noch: Es gilt den geflohenen Hirten abzuwarten, der alles mit erlebt hat. Von Räubern sei Lajos erschlagen worden, so sagtest du mir es. Wenn er es bestätigt, dann kann ich nicht der Mörder sein. Denn einer kann nicht zugleich viele sein!"

Iokaste wollte etwas Ruhe in diesen Gedankenwirrwarr bringen.

„Er hat doch deutlich von mehreren Räubern gesprochen. Das kann er jetzt nicht widerrufen, alle in der Stadt haben es gehört. Vielleicht hat er es auch aus Scham gesagt, weil sie mit so vielen nicht mit einem Einzigen fertig wurden. Selbst wenn er es widerrufen würde, dann kannst du nicht der Mörder sein. Hat nicht Apollon ganz deutlich gesagt, Lajos würde von seinem Sohn getötet werden? Aber der Sohn ist ja schon als Kind umgekommen, wie sollte er dann seinen Vater töten. Wie ich dir schon mal sagte: Ich halte nichts von diesen Sehersprüchen und Prophezeiungen."

In diesem Moment flogen drei schwarze Vögel über uns hinweg. Ich und auch Ödipus schauten ganz erschrocken nach oben. Ob das wohl ein schlechtes Zeichen sei? Aber Iokaste ahnte unsere Bedenken.

„Das ist reiner Zufall und hat überhaupt nichts zu bedeuten," zu Ödipus gewandt meinte sie: „Damit du beruhigt bist, lasse ich jetzt nach dem Hirten schicken."

Beide traten jetzt in den Palast.

Draussen hörte ich die Greise einen Gesang anstimmen, den ich aber nicht verstand. Kaum hatten sie geendet, trat Iokaste mit einigen Dienerinnen und Opfergaben für den Apollon-Tempel in der Hand wieder heraus.

Im Palast erschien mir Ödipus völlig verstört. Sonst war er die Ruhe selbst, aber die letzten Ereignisse hatten ihre Spuren hinterlassen. Ich wagte kaum, ihn anzusprechen.

Als ich aus dem Fenster schaute, sah ich, dass ein fremder Bote erschienen war und mit Iokaste sprach. Schnell lief ich nach draussen, um die Neuigkeiten, die der Fremde sicher mit sich brachte, zu erfahren.

„Verehrte Königin, ich komme von Korinth. Und das was ich dir überbringe, wird dich auf der einen Seite erfreuen, auf der anderen dir eventuell ein wenig wehtun. Lass es mich kurz fassen: König Polybos von Korinth ist gestorben und die Menschen dort erwarten, dass Ödipus als rechtmässiger Nachfolger den Thron besteigt."

Iokaste konnte es erst gar nicht fassen und fragte nach: „Sagt du uns wirklich die Wahrheit, ist Polybos wirklich tot?"

Zu mir sagte sie: „Gehe so schnell du kannst, zu Ödipus und erzähle ihm diese Botschaft. Ich bin so erleichtert. Und ihr Sehersprüche, was habt ihr für Weisheiten verkündet! So gut er konnte, war Ödipus auf der Flucht vor Polybos, aus Furcht er könnte ihn töten. Und nun kommt alles ganz anders. Polybos ist tot."

Ich hatte Ödipus geholt, der den Boten jetzt gleich ganz eindringlich fragte:

„Ist es wahr? Mein Vater Polybos ist in den Hades gegangen? Wie ist es passiert? War es sein Alter oder hat ihn irgendeine Krankheit dahin gerafft? Schau an, Iokaste, er ist gestorben, nicht durch mein Schwert, wie die Seher prophezeiten. Ich hoffe, es war nicht der Kummer um mich und die Sehnsucht nach mir, der ihn so geschwächt haben. "

Iokaste konnte nun mit ihrer Antwort nicht hinter dem Berg halten.
„Jetzt kannst du doch auf jeden Fall beruhigt sein."
Doch Ödipus hatte noch immer Bedenken.
„Du magst Recht haben, aber es ist nur ein Teil der Prophezeiung, die sich jetzt aufgelöst hat. Ist nicht noch immer die Ehe mit meiner Mutter ein Teil der Vorsehung?"
Meine Mutter schien noch immer über den Dingen zu stehen und versuchte, Ödipus auch dieses Unbehagen zu nehmen.
„Ist es nicht der Zufall, der über alles herrscht und alle Voraussagen nichtig macht. Vor einer Ehe mit deiner Mutter brauchst du keine Angst zu haben. So mancher Sterbliche hat schon im Traum mit seiner Mutter geschlafen. Aber werden solche Träume jemals wahr? Wer auf solche Weissagungen nichts gibt, hat es im Leben einfach leichter!"
So kannte ich meinen Vater eigentlich nicht. Hier und jetzt, in einer solch schwierigen Situation war er sehr zaghaft und ängstlich und Iokaste erwies sich als die Stärkere.
„Könnte es sein, dass das Orakel so unrecht nicht hat? Ich wäre erleichtert, wäre meine Mutter nicht mehr am Leben."
Der Bote schien die Zusammenhänge nicht zu verstehen und konnte sich darauf kein Bild machen.
„Sag mir, wer ist die Frau, vor der du dich fürchtest?"
„Es ist Merope, die Frau.mit der Polybos zusammengelebt hat. Denn Apollon hat mir prophezeit, dass ich meinen Vater ermorden werde und meine Mutter heiraten werde. Und das allein ist der Grund dafür, nicht mehr nach Korinth zurückzukehren. Ich wollte doch nicht zum Mörder meines Vaters werden!"
Der Bote schien etwas zu überlegen.
„Du kennst die Wahrheit nicht! Auch wenn du mir vielleicht keinen Glauben schenkst: Du hast in Korinth keine Eltern gehabt und Polybos hat dich nie gezeugt."
„Wer soll denn dann mein Vater sein. Hatten mich meine Eltern nicht

immer sehr lieb gehabt?"

„Deine Eltern litten unter ihrer Kinderlosigkeit. Und als ich dich im Kithairon-Gebirge fand und dich den beiden übergab, waren sie sehr glücklich. Ich war ein einsamer Hirte dort und dort wurdest du mir überreicht. Deine Fussgelenke waren miteinander verbunden, sie waren geschwollen und die Fersen durchbohrt. Davon habe ich dich als erstes befreit. Daher hast du den Namen Ödipus erhalten, den du heute noch führst."

Iokaste und ich lauschten ganz gebannt auf die Worte des Boten. Das Geheimnis, das alles verschleierte, schien sich jetzt ein wenig zu lüften. Daher also der Name Ödipus! Das hatten Polybos und Merope ihm vorenthalten! Aber mir wurde langsam schwindelig, weil ich spürte, dass wir jetzt etwas Schreckliches und Furchtbares erfahren würden.

Ödipus war jetzt aber ganz versessen darauf, alles genau zu erkunden, obwohl Iokaste ihn dringend bat, endlich davon abzulassen. Es sei nur zu seinem Wohl.

„Ich möchte nun unbedingt den Mann kennen lernen, der mich als Kind an dich überreichte. Wenn er hier noch beschäftigt ist, dann möge man ihn so schnell wie möglich rufen."

Iokastes Tod

Iokaste war völlig aufgelöst, ich hielt sie an der Hand und spürte wie sie zitterte.

„Ich bitte dich noch mal von ganzem Herzen, lass diese Untersuchungen sein. Du Unglückseliger, mögest du niemals erfahren, wer du bist! Das sind meine letzten Worte, mehr habe ich dir nicht mehr zu sagen!"

Sie liess meine Hand los und stürzte in den Palast. Sie schien zu ahnen, dass mit der Ankunft des Hirten das böse Schicksal seinen Lauf zu nehmen begann.

Auch ich spürte, dass dieser Tag für Iokaste, für Ödipus und auch für uns Kinder eine unselige Botschaft bringen würde. Also auch für meine Brüder Polyneikes und Eteokles, auch wenn die sich für diese Dinge, die sich hier abspielten, überhaupt nicht interessierten.

Langsam begann es auch bei mir zu dämmern. Wenn Ödipus seinen Vater getötet hat, dann ist er vom Schicksal geführt nach Theben gelangt und hat hier Iokaste geheiratet, die aber seine richtige Mutter war. Wir vier Kinder waren nunmehr seine Kinder. Somit war Ödipus mir Vater und Bruder zugleich. Oh, Ihr Götter, welch grausames Spiel habt ihr mit uns armen Sterblichen gespielt. Jetzt wollte ich aber die Ankunft des Hirten noch abwarten.

Und er kam.

Einer der umstehenden Greise meinte: „Ja, das ist er! Er war Lajos' treuester Hirte" und auch der Bote aus Korinth stimmte dem zu.

Ich hatte diesen Hirten noch nie gesehen. Aber man spürte sofort, dass er von lauter Angst durchdrungen war. Er zitterte am ganzen Körper.

„Sag mir, wer du bist und wo du gearbeitet hast."

„Ich bin als Sklave hier am Hofe aufgewachsen und habe die Herden von König Lajos in dieser Gegend gehütet."

Ödipus wies nun auf den Boten aus Korinth und fragte: „Kennst du diesen Mann?"

Der Hirte wurde immer ängstlicher und verlegen.

Er zögerte mit einer Antwort, bis der Bote ihm endlich vorhielt, dass sie sich doch oft mit ihren Herden am Kithairon-Gebirge getroffen hätten.

Nun kam es zu einem spannenden Dialog zwischen den beiden, den wir aufgeregt verfolgten.

Der Bote warf dem Hirten jetzt vor: „Du hast mir doch damals ein Kind in die Arme gedrückt auf dass ich es als Ziehkind gross zöge."

Dem Hirten wurde die Sache langsam brenzlig und er fuhr den Boten an, er solle doch endlich mit diesen alten Geschichten aufhören. Da er verstockt schien, drohte ihm Ödipus sogar Prügel an, um ihn zum Reden zu zwingen.

„War es nun dein eigenes Kind? Oder war es von jemand anders?"

„Also, es stammte aus dem Palast des Lajos. Es war ein Knabe. Aber ich möchte jetzt nicht weiter erzählen, denn ich fürchte, es wird mir schlecht ergehen. Jedoch es muss wohl sein! Ich muss gestehen: Des Königs Sohn soll es gewesen sein! Die Königin kann dir am besten selbst darüber berichten."

„Und was hast du mit dem Kind gemacht?"

„Ich sollte es aussetzen, denn es hiess, er würde später seinen Vater töten. Seine Frau hatte es mir übergeben, aber ich hatte Mitleid mit dem Kind und übergab es dann ihm, den du da vor siehst. Doch der hat es gerettet. Dass dir das zum Schaden gereichen würde, konnte ich damals nicht ahnen. Bist du es, von dem die Rede ist, so bist du wohl unselig geboren."

Was sollte jetzt Ödipus wohl antworten? Wie würde er reagieren? Und Iokaste erst einmal. Alle Fragen schienen auf furchtbare Weise beantwortet. Was würde er jetzt tun?

Laut klagend stiess Ödipus hervor: „Nun ist alles ans Licht gekommen! Dieses Licht, nie wieder will ich es schauen. Ich bin von Eltern gezeugt, die mich nie hätten zeugen dürfen, mit einer Frau das Bett geteilt, das ich hätte nie machen dürfen; ich habe einen Mann erschlagen, den ich nie hätte umbringen dürfen!"

In meinem Kopf schwirrten die Gedanken durcheinander. Ich rannte vor lauter Angst danach in den Palast. Mit gesenktem Kopf schien Ödipus mir zu folgen. Niemanden wollte ich mehr sehen, ich wollte mich nur in mein Zimmer zurückziehen, die Decke über meinen Kopf ziehen und an nichts mehr denken. Was sollte nun aus uns bloss werden? Wie mochte Iokaste sich nun verhalten? Sollte ich ihr jetzt Trost zusprechen?

Dann hörte ich draussen lautes Klagen. Ein Diener lief laut schreiend mit sich fast überschlagender Stimme durch das Schloss.

„Es ist etwas Furchtbares geschehen. Dieses Haus wird sein Leid nicht los. Iokaste ist tot."

Einige der Greise waren hinzugekommen.

„Die Unglückselige! Wer hat es getan?"

„Sie hat sich selbst umgebracht. Ich hoffe, ich habe noch die Kraft es euch zu erzählen. Sie rannte vorhin, völlig aufgelöst, mit den Händen ihre Haare raufend, in ihr Zimmer und schlug heftig die Tür von innen zu. Sie jammerte und beklagte laut ihr Schicksal, das über sie gekommen war. Sie verwünschte das Ehebett, in dem sie von ihrem Mann den jetzigen Mann geboren hatte und von ihrem Sohn die vier Kinder geboren hatte. Dann war plötzlich Stille, ich hörte nichts mehr."

Ich öffnete die Tür, als Ödipus an mir schreiend vorbeiraste. Er wollte in das Ehegemach der beiden und fand die Tür verschlossen. Mit grosser Wucht warf er sich gegen die Tür, die zersplitterte und den Weg ins Zimmer freigab. Mein ganzes Leben werde ich diesen markerschütternden Schrei von meinem Vater vergessen. Iokaste hatte sich erhängt.

Meine Mutter, die jahrelang an meiner Seite stand, immer für mich da war, hatte sich wegen der Schande, die über sie gekommen war, das Leben genommen. Ich wagte jetzt einen Blick in das Zimmer. Ödipus hatte das Seil zerschnitten.

Ödipus' Blendung

War der Anblick der toten Mutter schon schrecklich genug, so war das, was jetzt kam noch schrecklicher. Vor Zorn und Wut brüllend, zog er jetzt aus dem Kleid von Iokaste eine goldene Spange und stiess sie sich mehrmals in beide Augen.

„Nie wieder sollt ihr die Gräuel sehen," schrie er, „die ich angerichtet habe und an denen ich schuld bin. Dunkel soll mich umhüllen, damit ich nie wieder das zu sehen vermag, was ich nie hätte sehen dürfen!"

Er war schrecklich anzusehen. Das Blut lief ihm aus den Augen über das ganze Gesicht bis zum Kinn.

Durch den Lärm im Schloss war jetzt auch Ismene hochgeschreckt. Wir wollten sie etwas zurückhalten, aber sie stürzte sich auf ihre Mutter, laut weinend stammelte sie immer wieder „;Mama, Mama! Was soll jetzt ohne dich werden."

Nur widerwillig liess sie sich von dem Diener behutsam von der toten Mutter lösen.

Dann fiel sie mir um den Hals und schluchzte laut: „Was soll jetzt aus uns werden? Unser Vater wird uns verlassen und wir haben keine Mutter mehr!"

Ödipus stand, jetzt von seinem Diener gestützt, an der Wand und klagte laut über sein Los.

„Dunkelheit liegt jetzt auf meiner Seele. Öffnet die Tore und führt mich hinaus. Ganz Theben soll jetzt schauen, wie ein Vatermörder aussieht und jemand, der seine eigene Mutter geheiratet hat. Wehe, wehe, welch Unglückseliger ich bin! Ich habe mir jetzt unerträgliche Schmerzen zugefügt, um meine Verfehlungen zu sühnen. Ihr werdet mich fragen, welcher Dämon mich dazu trieb. Apollon war es, der dazu drängte, seine Prophezeiungen in Erfüllung gehen zu lassen. Die Wunden jedoch habe ich mir selbst beigefügt. Zu was brauche ich noch Augen? Soll ich für den Rest meines Lebens das schauen, was ich angerichtet habe? Nun führt mich hinweg, führt mich außer Landes, denn das habe ich selbst dem Mörder des Lajos angedroht. Verfluchen möchte ich den Hirten, der mir damals die Fesseln an meinen Füßen gelöst hat und so mein

Leben gerettet hat. Wäre ich gestorben, so hätte ich den Meinigen viel Leid erspart. Aber es kam anders! Wie könnte ich sonst, hätte ich meine Augen noch, im Hades meinem Vater und meiner Mutter in die Augen sehen! Und hier in Theben, wie war es eine Wonne, meinen Kindern beim Spielen zuzusehen. All das wird mir für immer genommen sein. Grauenvoll!

Wäre ich doch damals dem Lajos nicht in dieser Schlucht begegnet! Hätte ich doch meine Mutter nicht geehelicht und die vier Kinder gezeugt, über denen jetzt auch dieser Schatten des Unglücks schwebt! Bei allen Göttern, nehmt mich und bringt mich weg aus dieser Stadt, der ich so viel Unglück gebracht habe."

Ismene und ich trauten uns kaum, ihn anzusehen. Den eigenen Vater in einem solch jämmerlichen Zustand zu sehen, wir konnten es nicht ertragen. Die letzten Worte trieben uns beiden die Tränen in die Augen. Wer sollte fortan den Blinden betreuen? Wer für ihn sorgen? Hier in Theben konnte und wollte er ja nicht mehr leben!

Jetzt erschien Kreon. Wir waren ängstlich gespannt, wie er sich wohl verhalten würde und wie würde Ödipus reagieren.

„Ich Ärmster! Was werde ich jetzt aus seinem Munde hören, nachdem ich ihn so schlecht behandelt, ja, ihn sogar mit dem Tode gedroht habe?"

Kreon schien ihm verziehen zu haben.

„Es ist jetzt nicht die Zeit, um über Vergangenes zu reden. Aber wir sollten schnellstens in den Palast zurückgehen, denn es ist für des Helios' Licht und die Erde nur schwer zu ertragen, diese Gräuel mit anzusehen. Die Verwandten haben sicher Verständnis für dein Leid. Aber wollen wir den Gott nicht fragen, was nunmehr zu tun sei?"

„Das brauchst du nicht mehr tun, denn die Weisung des Gottes war eindeutig. So schicke mich hinaus in die Wildnis, dass ich niemandes Stimme mehr vernehmen muss. Zuvor jedoch habe ich noch zwei große Bitten. Lass Iokaste, die hier noch im Schloss liegt, mit allen Ehren bestatten. Meine Kinder aber machen mir Sorgen. Die beiden Jungen sollten dir keinen Kummer bereiten, sie sind schon erwachsen und können sich um sich selbst kümmern. Aber meine beiden Mädchen, die immer an meiner Seite waren und für die ich immer gesorgt habe, vertraue ich deiner Obhut an. Sei zu ihnen wir ein Vater. Lass sie noch einmal in meine Arme kommen, so dass ich es ebenso fühlen kann wie früher als meine Augen noch sehend waren. Sie waren immer meine Freude"

Mit heissen Tränen in den Augen näherten Ismene und ich uns dem Vater und ergriffen seine Hände.

„Meine Kinder, ich bin so glücklich, euch bei mir zu haben! Wie konnte ich bei eurer Geburt erahnen, dass euch die Götter so viel Leid zufügen wollten. Ihr seid meine Kinder von einer Mutter, von der ich selbst geboren wurde. Ihr müsst nun bei anderen Menschen leben. Möget ihr nicht bei fröhlichen Festen wegen eurer Vergangenheit gemieden werden, dass ihr mit verweinten Augen das Fest verlasst. Und wenn ihr ins heiratsfähige Alter kommt, mögen euch nicht Freier begegnen, die euch anlasten, Kinder eines Vatermörders zu sein, der zugleich Ehemann seiner Mutter gewesen war. So, nunmehr habe ich noch einen letzten Wunsch für Euch: Möget ihr ein besseres Leben haben als eurer Vater, dem so viel Leid widerfuhr. Nun, Kreon, es ist Zeit zum Verlassen dieses Landes, in dem ich glücklich war."

Kreon antwortete ihm: „Nun gehe in den Palast und lass die Mädchen los:"

Den flehendlichen Ausruf von Ödipus werde ich nie vergessen: „Nimm sie mir nicht weg!"

Die Wanderung

Ismene und ich waren völlig aufgelöst und verwirrt. Tränen überströmt versuchten wir zu beraten, was wir nun tun sollten. Wir konnten doch unseren Vater in diesem Zustand nicht einfach allein in die Fremde schicken. Wie sollte er sich zurecht finden? Wer sollte ihn aufnehmen? Wir konnten ihn doch nicht einem wildfremden Menschen anvertrauen? Hunger und Durst, Kälte und Hitze – wie sollte er damit ohne eine hilfreiche Hand zurecht kommen?

Ödipus hatte sich jetzt etwas beruhigt.

Inzwischen waren auch meine beiden Brüder hinzugestoßen. Sie starrten Ödipus an.

„Wer hat denn das getan?" fragte Polyneikes, „und überhaupt, was ist denn das für eine merkwürdige Geschichte. Die Mutter lebt nicht mehr. Und der Vater! Und in diesem Zustand kann er doch nicht mehr als König über Theben herrschen. Gibt es denn schon einen Nachfolger für ihn?"

Sie schienen das gesamte Geschehen, das sich hier am Schloss in der letzten Zeit abgespielt hatte, überhaupt nicht verfolgt zu haben. Sie waren, wie schon immer, überwiegend mit sich selbst beschäftigt. Wahrhaft herzlose Gesellen! Es hätte nur noch gefehlt, dass im Anblick des blinden Vaters sie sich über eine mögliche Thronfolge gestritten hätten. Die Brüder waren mir schon immer etwas fremd gewesen, jetzt aber, erschien mir ihr Verhalten regelrecht peinlich, ja sogar abstoßend. Ich schaute auf Ismene, sie schien es ähnlich zu empfinden.

Kreon würde wohl auf Grund seines Alters die Thronfolge übernehmen.

Ich ging auf Ismene zu. „Unser Vater hat es mit uns immer gut gemeint, er hat sich immer rührend um uns gekümmert. Er hat dafür gesorgt, dass wir nie zu kurz kamen. Ich glaube, es ist jetzt wohl unsere Schuldigkeit, dass wir ihm helfen und ihn unterstützen."

Ismene schluckte etwas. „Wir beide sind doch noch so jung! Der Vater soll und muss Theben verlassen. Soll das etwa bedeuten, dass auch wir unsere Heimat ebenfalls verlassen und versuchen müssen, irgendwo in Hellas eine neue Wohnstatt zu finden? Sollen wir unsere jungen Jahre auf der Wanderschaft verleben? Wir müssten all unsere Freundinnen, mit denen wir in unserer Jugend gespielt haben, zurück lassen? Alles, was uns lieb und teuer ist? Die Schafe haben gerade kleine Lämmer bekommen, wer wird sie betreuen?"

Ödipus schien unser Gespräch irgendwie mitbekommen haben. Die Mutter hatte einmal im Hinblick auf den blinden Seher Teiresias gesagt: „Wenn das Augenlicht erlischt, wird das Hören und Lauschen immer besser."

Sein Diener stand noch immer an seiner Seite.

„So nimm einen Teil der Sachen, die er immer gerne trug und alles was er sonst noch braucht und lege es zusammen in einen Tragesack," trug ich ihm auf. Der Diener verschwand und kam mit einem kleinen Säckchen zurück.

„Wir können nicht allzu viel tragen und werden wohl oder übel auf die Zuneigung anderer Menschen angewiesen sein," sagte ich zu Ismene, „wie Bettler werden wir um Wasser, eine Mahlzeit und um einen Schlafplatz sorgen müssen."

Ismene kamen schon wieder die Tränen.

„Lass uns umschauen und die Dinge zusammen tragen, die wir fortan brauchen werden!"

Als wir alles beieinander hatten, nahm jeder von uns beiden Ödipus an der Hand und machten uns auf den Weg. Alle Diener unseres Schlosses waren heraus gekommen und mit vom Weinen verschleierten Augen gaben sie uns einen traurigen Abschied. Wir warfen noch einen letzten Blick auf unsere geliebte Heimatstätte, bevor die nächste Bergkuppe sie vor unseren Augen verbarg.

Es war kein schönes Gefühl, aufzubrechen und nicht wissen wohin als erstes.

„Ich bin euch beiden so unendlich dankbar, dass ihr alles hinter euch lasst, um eurem hilflosen Vater zur Seite zu stehen. Nie habe ich euch nach euren Plänen gefragt. Besonders du, Antigone, kommst ja nun in das Alter, in dem man an eine Ehe und auch an Kinder denkt. Und du, Ismene, hast sicherlich auch schon mal einem der hübschen Jungen zugeblinzelt."

Ismene wurde etwas rot, über so etwas wollte sie gar nicht sprechen, mit dem Vater schon gar nicht.

Ich kannte mich in der Gegend gar nicht aus, wusste aber, in Richtung Sonnenaufgang lag das Meer. In diese Richtung wollte ich mit beiden wandern und irgendwo eine Stelle für die Nacht finden. Das Wetter meinte es gut mit uns, am blauen Himmel lachte eine Spätvormittagssonne.

Wir waren noch gar nicht lange gewandert, da hielt Ödipus inne.

„Ich glaube, es ist wenig sinnvoll, wenn wir zu Dritt durch die Lande laufen. Bedenkt, wir brauchen Unterkunft und Nahrung. Wenn wir zu zweit sind, wird es sicherlich einfacher sein. Ich weiß deine Hilfe, meine liebe Ismene, zu schätzen, aber du bist noch so jung. Noch sind wir nicht weit von Theben entfernt, vielleicht eine Stunde zu Fuß. Daher schlage ich vor, du gehst zurück und bleibst bei deinem Onkel Kreon im Schloss. Gib mir deine Hand zum Abschied. Wer weiß, wann wir uns wiedersehen.“

Er umarmte seine jüngste Tochter. Ismene weinte herzergreifend, dann drehte sie sich um und ging mit zügigen Schritt den Weg zurück, den wir gekommen waren.

So war ich also mit meinem Vater alein.

Wir erreichten einen kleinen Ort mit Namen Melissos. Ein Bauer kam uns mit seinem Esel entgegen. Erschrocken blickte er in das entstellte Gesicht Ödipus'.

„Wer seid ihr? Was führt euch hierher?“

„Wir sind auf der Wanderung und kommen aus Theben. Die Götter haben uns dazu verdammt, die Stadt zu verlassen. Für heute suchen wir hier einen Platz, in dem wir die Nacht verbringen können und bitten um Speise und Trank.“

Der Bauer konnte seinen Blick vom Gesicht meines Vaters nicht abwenden, sagte dann aber:

„Gastfreundschaft erfreut immer die Götter. Ich bin zwar kein reicher Mann, aber für eine Nacht will ich euch das Gewünschte gewähren.“

In einem kleinen Stall neben seinem ärmlichen Häuschen kamen für unter. Er bot uns noch etwas Brot und Schafskäse, einige Oliven, Wasser und etwas Wein an.

Fürwahr, das war für mich, die den Komfort des Schlosses gewohnt war, eine grosse Umstellung, aber trotzdem hat mir das bescheidene Mahl großartig geschmeckt und ich habe gut geschlafen.

Bei Sonnenaufgang machten wir uns weiter auf den Weg nach Osten auf.

Hinter einer kleinen Hügelkette konnte ich das Meer sehen. Trotz der misslichen Lage war ich auf das Meer gespannt, denn ich hatte Theben noch nie verlassen.

„Lieber Vater, ich hoffe, du hast die erste Nacht in der Ferne gut verbracht. Jetzt seh ich vor uns das große Meer. Man riecht es bereits, es riecht so anders. Merkst du es auch?"

„Mein Kind, du weißt doch, ich komme aus Korinth und als ich nach Delphi wollte, musste ich das Meer überqueren. Daher kommt mir dieser Geruch bekannt vor."

Wir erreichten die Küste. Mich beeindruckten die vielen kleinen bunten Fischerboote. Einer der Fischer kam auf uns zu. Auch er blickte erschrocken auf meinen Vater.

„Wer hat dich so entstellt oder bist du schon so geboren worden?"

Fast hätte ich mir diese Fragen denken können. So antwortete ich ihm anstelle meines Vaters.

„Deine Frage berührt mich. Meinem Vater ist viel Leid geschehen. Die Götter haben ihm viele Schmerzen auferlegt. Nun sind wir auf der Wanderschaft, um nie mehr nach Theben zurückzukehren."

Der Fischer fragte nicht weiter. Er war wohl gerade von einem Fang zurückgekehrt und hatte am Ufer ein kleines Feuer angemacht, über dem einige Fische brieten.

„Ich denke, ihr seid sicher hungrig und so möchte ich einige Fische mit euch teilen."

Ödipus aß mit großem Appetit und es schien mir fast, als hätte er für ein paar Momente sein Leiden vergessen.

Ich fragte den Fischer gleich, ob er hier jemanden wüsste, der uns für eine Nacht beherbergen könnte.

„Ein Schwager von mir besitzt hier am Ortsrand eine Reihe von Olivenhainen, ich denke, der hat ein großes Herz und nimmt euch sicher auf. Setzt euch auf meinen Eselskarren, ich nehme euch dann mit."

Wir saßen am Abend bei seinem Schwager zu Tisch und das Ehepaar war an der Vorgeschichte von Ödipus sehr interessiert. Und ich glaube, es tat Ödipus richtig gut, sich sein ganzes Leiden von der Seele zu reden und auf verständnisvolle Ohren zu stoßen."

Es wurde etwas später und auch unser Nachtlager war diesmal ein wenig komfortabler.

Einige Jahre waren es, die wir unterwegs waren und ich möchte hier in meiner Geschichte nicht alle Stationen unserer Wanderreise aufführen.

Wir kamen dabei sogar bin die Nähe des Olymp und Ödipus hätte zu gern den Sitz der Götter mit eigenen Augen gesehen, so blieb mir nichts anderes übrig, als ihm mit eigenen Worten den Götterthron zu beschreiben.

Danach führte uns die Wanderschaft wieder zurück in den Süden bis in die Nähe von Athen.

Wir erlebten unterwegs sehr eigenartige Erfahrungen. Manchmal hatten die Menschen Mitleid mit uns beiden und versuchten uns zu helfen, so gut es ihnen möglich war.

Einige Male jedoch trat genau das Gegenteil ein. Die ganze Geschichte von Ödipus hatte sich durch Händler und Reisende über ganz Hellas verbreitet. Als die Leute dann erfuhren, reagierten sie entsetzt und baten oder forderten von uns sogleich weiterzuziehen.

„Ihr seid von den Göttern gestraft und wir möchten nicht, dass euer Unheil sich auf uns überträgt."

Einiges muss ich noch über mich berichten. So manche Nacht auf dieser Reise, gleichgültig, wo wir gerade waren, habe ich des Nachts wach gelegen und geweint. Was sollte aus mir noch werden? Meine besten Jahre, in denen andere Mädchen einen Mann kennen lernten, heirateten und Kinder bekamen, verbrachte ich hier fernab von all diesen Dingen. Ich hoffte jedoch, dass Ödipus diese traurigen Gedanken nie verspürt hatte. Aber ich mochte ihn nicht allein seinem Schicksal überlassen. Es fiel mir immer schwerer, ihn mit seinen leeren, toten Augen anzublicken. Dann fiel mir Ismene wieder ein, was mag aus ihr geworden sein? Ob sie wohl immer noch bei Kreon und seiner Frau Eurydike lebte.

So manchesmal musste ich unterwegs der aufdringlichen Jungen erwehren. Sie hielten mich wohl für Freiwild mit einem alten senilen Mann zusammen. Dann musste Ödipus sie jedesmal etwas barsch in ihre Schranken weisen. Einmal musste ich an die Erzählungen meiner Mutter denken, wie sie mir von der Dichterin Sappho erzählte. Aus all ihren Gedichten soll die glühende Verehrung der Göttin Aphrodite und ihrer Schönheit herausgestrahlt haben. Mit einigem Schaudern musste ich jetzt an mich selbst denken. Vor ein paar Tagen hatte ich das seltene Glück, in einen fast blinden Spiegel hineinblicken zu dürfen. War ich das noch? Von vergangener Schönheit und Anmut keine Spur. Mich blickte eine alt aussehende Frau an. Ob ich wohl jemals in Zukunft das Glück haben würde, einen liebevollen Mann zu finden. Denn die Tage von Ödipus schienen mehr gezählt. Der unselige Alltag trübte jedoch diese Gedanken schnell wieder ein.

Aufenthalt in Kolonos

Eines Tages sah ich in der Ferne hohe Mauern, wahrscheinlich einer großen Stadt.

Wir waren heute eine lange Strecke Weges gegangen und Ödipus schien sehr erschöpft zu sein.

„Mein liebes Kind, ich weiss gar nicht, wie ich dir danken soll. So lange hast du mich nun begleitet und wir beide, du und ich, sind so genügsam geworden. Nun suche mir irgendeinen Ort, an dem ich mich setzen und mich ausruhen kann. Sag mir nur, wo wir jetzt sind."

In der Ferne – es schien wohl Athen zu sein – sah ich hohe Mauern. Und wir waren hier wohl in einem heiligen Hain gelandet, denn ringsherum sind Ölbäume gepflanzt, lauter wilder Lorbeer und Weinranken. Und die Vögel zwitscherten. Er sog begierig die herrliche Luft ein und hielt die Hände an die Ohren, um dem Gesang der Vögel zulauschen.

Ich sagte es ihm, er war zufrieden und setzte sich mit meiner Hilfe auf einen Stein.

Plötzlich näherte sich ein Mann, ich hatte ihn schon von weitem gesehen.

„Werter Mann," so redete jetzt Ödipus den Fremden an, „ich habe dich kommen gehört. Jetzt sag mir, wo wir uns befinden?"

Der Mann liess Ödipus gar nicht lange ausreden.

„Verlasse diesen Ort, so schnell du kannst. Es ist ein heiliger Hain, den niemand betreten darf. Er ist den Göttinen der Nacht geweiht, wir nennen sie die Eumeniden, die Wohlwollenden, auch Erinyen genannt."

Ödipus atmete auf. „

„Jahre lang bin ich durch Hellas' Lande gewandert. Nun bin ich wohl an den Ort gelangt, an dem ich nach einem leidvollen Leben Erlösung finden werde. Nun sag mir noch, wie heisst dieser Ort?"

„Kolonos wird er genannt. Er liegt gleich vor den Toren Athens, in dem Theseus, der Sohn des Aigaeus, herrscht. Du möchtest ihn sicher sehen, aber ich weiss nicht, ob er hierher kommen wird, um einen blinden Mann zu schauen. Auf jeden Fall sollen die Bürger hier am Ort entscheiden, ob du hier verweilen kannst."

Nachdem der Fremde gegangen war, begann Ödipus verzweifelt zu klagen:

„Oh, ihr ehrwürdigen Eumeniden mit dem strengen Blick. Erkennt in mir die Prophezeiung Apollons. An diesem Ort, an dem ihr mir nach langer Wanderung seht, möchte ich mein Leben beschließen. Der Gott verhieß mir vorher klare Zeichen wie Erdbeben, Donner oder Blitz. Wenn es geschieht, so nehmt seine Deutung an. Und du, heilige Stadt Athen, die du den Namen der Pallas Athene trägst, habe Mitleid mit einem Menschen, der nur ein Schattenbild von früher ist."

Man hörte jetzt Stimmen.

„Bitte, Vater, schweig jetzt. Ich sehe eine Schar von Männern, die nach dir Ausschau halten. Komm, gib mir die Hand, wir wollen uns sicherheitshalber hier in den Büschen verstecken."

„Wo ist der Greis geblieben. Wir müssen ihn finden. Er hat die heilige Stätte der Eumeniden entweiht, deren Namen wir nicht mal wagen auszusprechen." hörte ich die Männer sprechen.

„Ich glaube, Vater, wir müssen uns zeigen!"

Die Bürger schauten mit Entsetzen auf meinen Vater, als sie ihn erblickten.

„Seht, er ist blind. Welch ein Fluch mag ihn getroffen haben? Wer mag der Alte sein?"

„Wie ihr seht, ich habe mein Augenlicht verloren und ziehe, auf die schmalen Schultern meiner Tochter gestützt, durch die Lande. Habt Mitleid mit mir."

„Wir helfen dir gern, wie jedem anderen, der Hilfe benötigt, aber verlasse erst diesen heiligen Platz."

Ich stützte meinen Vater beim Verlassen der heiligen Stätte. Die Bürger kamen wieder auf uns zu. Nun wollten sie wissen, wer er sei und woher er käme.

„Ich habe keine Heimat," antwortete Ödipus, „aber ich spüre, es reicht euch nicht. Also wenn ihr es genau wissen wollt: Habt ihr je von Lajos gehört, dem Sohn des Labdakos. Und vom Elend des Ödipus?"

„Bist du etwa der frühere König von Theben? Oh, du unseliger! Die Götter haben dich gestraft! Verlasse schnell dieses Land bevor der Zorn der Götter auch uns trifft!"

Ödipus wollte gehen, aber ich nahm ihn an der Hand und blieb stehen. So grausam können doch andere Menschen nicht zu so einem hilflosen alten Mann sein! Ich beschloss daher, an die Güte der Menschen zu appellieren.

„Ihr Fremden, habt ihr denn kein gütiges Herz? Ihr solltet erst hören, wenn mein Vater über die Taten spricht, die er unverschuldet begangen hat. Seht doch, wie er vor euch steht und um Mitleid fleht. Ist denn jemals ein Sterblicher dem Griff der Götter entronnen? So geht in euch und weist uns nicht fort!"

Die Bürger zögerten noch immer aus Furcht vor den Göttern. Als Ödipus das spürte, raffte er sich auf und ergriff selbst das Wort.

„Ihr Männer aus Athen! Sagte man eurer Stadt nicht nach, sie sei gottesfürchtig und hilfreich, wenn Fremde in der Not sind? Macht euch mein Name Angst, so dass ihr mich vertreiben wollt. Alle meine Taten habe ich ohne Absicht getan. Das Schicksal wollte es so. Bedenkt, die Götter schauen auch auf euch, sie sehen sehr wohl die guten Taten eines Menschen. So lasst mich hier sitzen bis der Herrscher dieses Landes erscheint! Aber glaubt ihr wirklich, dass er einen blinden Mann mit seinem Kommen ehrt?"

„Sei getrost, dein Schicksal hat sich durch ganz Hellas verbreitet. Er wird sicher kommen."

Als ich mich ein wenig umschaute, sah ich eine Frau auf einem Maultier, die sich uns näherte. Zuerst konnte ich sie wegen ihres Hutes nicht erkennen, doch dann sah ich es zu meiner großen Freude deutlich, es war meine Schwester Ismene.

Sie stieg vom Maultier ab und umarmte mich und Ödipus herzlich.

„Du siehst uns beide in wenig ansprechendem Zustand," sagte Ödipus, „sieh deine Schwester an. Sie war noch ein Kind, als sie mit mir aufbrach. Nun ist sie fast zur Frau gereift und teilt in Regen und Sonnenglut das Leben eines armseligen, umher ziehenden Bettlers."

„Wie hast du uns gefunden?" wollte ich wissen.

„Einfach war es nicht! Aber die traurige leidvolle Geschichte von Ödipus hatte sich in ganz Hellas herumgesprochen und so erhielt ich in Theben die Nachricht, dass ihr euch in der Nähe von Athen aufhaltet. Gar so weit ist es ja nicht. Aber jetzt trieb mich die Sorge um dich. Es gibt jedoch etwas Unangenehmes, das ich dir nicht vorenthalten kann. Deine beiden Söhne kümmern sich herzlich wenig um dein Los. Es geht ihnen wieder um den Thron. Zuerst haben sie Kreon die Herrschaft gegönnt. Bald überfiel sie jedoch der Wahn, selbst zu regieren. Dein jüngerer Sohn bemächtigte sich als erster des Throns und eigentlich wollten sie sich die Regierung teilen. Jeder sollte abwechselnd für ein Jahr Herrscher sein. Doch Eteokles weigerte sich, den Thron abzugeben und jagte Polyneikes aus dem Land. Er landete in Argos bei König Adrastos, heiratete dessen Tochter und hat jetzt ein Heer gerüstet, um gegen Theben zu ziehen. Mein lieber Vater, du siehst, die Götter, halten noch immer keine gütige Hand über dich. Und nun haben sie Orakelsprüche vernommen. Nur mit dir und deiner Anwesenheit könnten sie ihre Ziele verfolgen, sonst wären sie verloren. Daher werden sie in Bälde hier auftauchen, nicht aus Sehnsucht zu dir, nein, aus rein egoistischen Motiven. Zu allem Überfluss wird demnächst auch Kreon in nicht ganz uneigennütziger Absicht hier erscheinen. Er will dich nach Theben zurücklocken. Und ehe ich es völlig vergesse, ich soll dich ganz herzlich von Eurydike und ihrem Sohn Haimon grüssen."

„Sie wollen mich zurück holen, aber nicht bis in die Stadt, in der so viel Leid geschah. Wenn sie mir schon nicht mal ein Grab in meinem geliebten Theben vergönnen, so will ihnen den Gefallen nicht tun. Sollen sie ruhig ihren Zwist austragen. Verflucht sollen sie sein. Der jetzt auf dem Thron sitzt, soll ihn nicht behalten, der geflohen ist, soll die Stadt nie wiedersehen. Damals, als ich die bittersten Stunden meines Lebens durchmaß, als man mich des Landes verwies, da standen sie stumm und unbeteiligt in meiner Nähe und fanden keine Worte für mich. Daher werde ich nie und nimmer etwas zu ihrer Unterstützung tun und ihren Wünschen, mich nach Theben zu locken, nicht nachkommen."

Man merkte Ödipus an, dass ihn diese Worte sehr angestrengt hatten. Einer der umstehenden Bürger richtete nun das Wort an Ödipus.

„Wir haben großes Mitleid mit dir und möchten dir gerne helfen. Aber du hast diesen Hain der Eumeniden betreten. Wenn du Hilfe erwartest, müsstest du oder deine Töchter ihnen ein Opfer bringen und sie versöhnen."

„Gern hören wir euren Rat. So, liebe Kinder, einer möge von euch gehen, denn mich bedrückt meine Schwäche und meine Blindheit. Aber lasst mich nicht allein."

Ismene sagte: „Ich gehe. Lorbeer und Ölzweige will ich für die Gnadenreichen suchen. Für die eigenen Eltern kennt man keine Last und keine Bürde."

Die Bürger wollten nun ganz genau wissen, was Ödipus geschah. Nicht von mir, nicht von Ismene, sondern von ihm selbst. Ich fürchtete, die ganzen Belastungen, das ganze Leid, noch einmal aufgezählt, würden ihn noch schwächer machen. Also begann Ödipus, seine leidvolle Geschichte noch einmal zu erzählen. Zum Schluss gestand er aber ganz erschöpft:

„Eure Fragen reissen alte Wunden in mir auf. Schliesslich bin ich unschuldig! Und wenn man mir vorwirft, ich hätte meinen Vater getötet, wie sollte ich wissen, dass er es war? Und war es nicht Notwehr, die mich dazu veranlasste?"

Die Bürger traten etwas beiseite, denn Theseus erschien.

Ich hatte viel von ihm gehört, meine Mutter hatte von ihm geschwärmt. Er war von eindrucksvoller Gestalt.

„Armer Ödipus, viel habe ich schon über dich gehört und dein entstelltes Gesicht, sagte mir, dass du es bist. Voller Mitleid möchte ich dich fragen, was dich und deine liebevolle Tochter so dringend zu mir führt. Auch ich bin früher viel in der Fremde herumgekommen und wer weiss, vielleicht trifft mich schon morgen ein ähnliches Leid wie dir."

Theseus schaute auch mich mit einem prüfenden Blick an. Was musste er von mir denken? Wie sah ich aus? Richtig herunter gekommen durch das jahrelange Unterwegssein ohne eine feste Bleibe. Irgendwie habe ich mich geschämt! Doch Ödipus antwortete gleich:

„Deine Worte haben mich sehr berührt. Meine Bitte an dich: Gewähre mir hier meine letzte Ruhestätte. Es mag vielleicht zu einem Kampf kommen."

„Zum einen: Ist es nicht seelenvoller, in der Heimat zu sein und dort zu sterben? Und zum anderen: Wer aber wollte gegen mich kämpfen."

„Meine Söhne sind es. Sie wollen mich mit Gewalt heimschaffen."

„Ja, ist es nicht zu begrüssen, wenn sie dir das Joch der Fremde ab nehmen?"

„Ich muss es dir erklären: Als ich damals bleiben wollte, nachdem mich so viel Leid getroffen hatte, haben sie mich als Vatermörder aus dem Land gejagt."

„Und warum wollen sie dich jetzt zurückholen?"

„Es gibt einen neuen Orakelspruch, der besagt, dass sie hier vor Theben besiegt werden, wenn ich nicht heimkehre. Lieber Theseus, die Götter kennen kein Alter und den Tod. Alles andere erledigt die Macht der Zeit. Nicht immer herrscht Frieden zwischen Freunden und Städten. Ich bitte dich nur darum, steh mir bei, wenn man mich entführen will."

Mir fiel auf, dass Ismene nicht zurück gekehrt war. Hoffentlich war ihr nichts zugestoßen!

Theseus verabschiedete sich, da er noch etwas zu erledigen hatte, versprach aber beim Gehen, dass Ödipus keine Furcht haben müsste und unter seinem Schutz stünde. Ausserdem waren ja noch die Bürger Athens an seiner Seite.

Kaum war Theseus verschwunden, als sich eine bewaffnete Reiterschar näherte. Mich überfiel plötzlich Furcht, denn ich erkannte Kreon in ihrer Mitte. Was führte ihn hierher? Ich hoffte doch, dass die beruhigenden Schutzworte Theseus' keine leeren Worte waren.

Ödipus zitterte am ganzen Leib, denn das konnte jetzt nichts Gutes bedeuten.

Kreon richtete gleich das Wort an die Bürger.

„Ihr seid so erschrocken, doch ich kann euch beruhigen. Ich plane keinen Waffengang, und das schon gar nicht in der Nähe dieser unvergleichlichen Stadt. Ich komme nicht nur im Auftrag seines Sohnes Eteokles, der gerade über Theben herrscht, sondern auf Wunsch des ganzen Volkes. Uns bedrückt, dein Schicksal, Ödipus, und auch das deiner Tochter, die aus Treue zu ihrem Vater mit ihm die karge Kost geteilt und jeden Gedanken an Ehe und Familie aufgegeben hat. Ich bitte dich, Ödipus, kehre aus freien Stücken in deine Heimatstadt zurück."

Auf der einen Seite war ich etwas gerührt, dass er auch mich in seiner Rede gefühlvoll erwähnte, aber zum anderen gefielen mir seine so aufgesetzten Worte nicht. Jetzt war ich gespannt, wie Ödipus wohl reagieren würde. Es dauerte auch nicht lange, bis er aus sich herausfuhr.

„Du frecher Lügner. Deine Worte klingen gut, aber die Absicht, mit der du gekommen bist, spricht gegen dich. Wieso habt ihr auf einmal Mitleid mit mir? Alle, die hier um uns herum stehen, sollen es deutlich hören. Nicht in die Stadt willst du mich bringen, weil der Fluch noch immer über mir liegt. Nur an der Grenze wollt ihr mich absetzen. Auch meine Söhne werden in Zukunft in Theben nie Herrscher sein. Mehr habe ich dir nicht zu sagen. So, nun lasse uns in Frieden und geh!"

Kreon zeigte sich jetzt von seiner gemeinen Seite.

„Du weigerst dich also, mit uns zu gehen. Glaubst du wirklich, dass du damit durchkommst. Dich lasse ich hier. Denn wir haben noch ein Pfand in unserer Hand, deine Töchter, denn sie sind auch aus Theben. Eine von beiden habe ich schon und die zweite werden wir jetzt auch entführen."

Er befahl seinen Kriegern, mich zu packen.

Die umstehenden Bürger schreien laut: „Du gemeiner Mensch, lasse sie los!"

Doch Kreon schenkte ihnen überhaupt keine Beachtung.

Ich schrie lauf auf. „Mein Vater, sie wollen mich wegführen!"

Ödipus war ganz verzweifelt. „Gib mir deine Hand!"

Aber wie konnte ich, da sie mich festhielten.

Ödipus hob die Hand. „Du Schurke. Wenn du auch noch mich entführen willst, so bleibt mir nur noch eine letzte Tat: Mit meiner Stimme will ich dich verfluchen. Ihr hohen Geister dieses heiligen Hains! Dieser Verbrecher raubt mir Erblindeten auch noch die Töchter, die für mich das Augenlicht waren. Möge Helios, der hier auf Erden alles sieht, auch dir im Alter ein ähnliches Schicksal wie meines zuteilen."

Die Männer hatten mich jetzt etwas grob den Hügel hinauf fortgezogen. Dort stiessen wir auf Ismene, die von einigen Männern bewacht wurde. Wir fielen uns weinend in die Arme. Diese gemeinen Kerle, was hatten sie mit uns vor? Wir erhielten keine Antwort.

Das folgende Geschehen konnte ich ja nicht erleben. Ödipus hat mir dann später darüber berichtet.

Voller Zorn antwortete Kreon: „Dieser Fluch ist mir jetzt zuviel. Da deine Töchter verschwunden sind, muss ich wohl selbst dich wegschaffen. So viel Kraft habe ich noch!"

Jetzt waren die Männer aus Kolonos ringsherum aufgebracht.

Laut schrieen sie, man konnte es noch deutlich hören: „Ihr Männer dieser stolzen Stadt, kommt herbei und helft. Schon ziehen Kreon und seine Leute davon!"

Ein Reiter hatte mich vor sich auf sein Pferd gesetzt, ein anderer Reiter nahm Ismene aufs Pferd. Gerade als sie mit uns weiter reiten wollten, stürmte eine andere Schar bewaffneter Männer auf uns zu.

„Haltet an," riefen sie laut, „lasset die beiden Mädchen frei. Wir kommen im Auftrag von Theseus, dem König von Athen. Der kennt keinen Spass mit verschlagenen Räubern wie ihr es seid. Schämt ihr euch gar nicht, wehrlose Frauen gefangen zu nehmen? Was seid ihr für feige Männer?"

Widerwillig brummend liessen Kreons Mannen uns absitzen.

„Kommt mit uns mit," sagte der Theseus' Anführer, „wir führen euch jetzt zurück zu eurem Vater. Wir haben euch zum Glück noch nicht allzu weit erwischt!"

Wir kamen gerade noch rechtzeitig zurück und hörten noch, wie Theseus Kreon zurechtwies.

„Hätten wir die Mädchen nicht gefunden, dann wärst du für alle Zeiten als Gefangener hier geblieben. Du hast die Hoheit dieses Landes verletzt und hast gewaltsam eine Entführung geplant. Du bringst Schande über Theben und seine Bewohner!"

„Sohn des Augeus, du tust mir Unrecht," versuchte sich Kreon zu wehren, „wenn du glaubst, dass ich die Gesetze der Stadt Athen nicht ehre. Ich war im Glauben, Vatermörder sind hier nicht willkommen. Und übles Bettlerpack findet in eurer Stadt kein Zuhause. Gut, ich bin dein Gefangener, aber wenn du mir Gewalt antust, so vermag ich mich trotz meines Alters noch zu wehren."

Trotz seiner Erschöpfung konnte Ödipus hier nicht inne halten.

„Deine Schamlosigkeit ist wirklich grenzenlos. Was du mir alles so entgegenwirfst, Mord, eine Ehe, Unglück, mich selbst trifft keine Schuld. Denn als mein Vater diese Freveltat, die den Fluch nach sich zog, begang, war ich noch ungeboren. Und wenn du mir den Vatermord vorwirfst, dann frage ich dich: Wie hättest du reagiert, wenn du tödlich bedroht wärst, hättest du erst lang gefragt, ob er dein Vater ist? Aber nein, du ehrst diese Stadt nicht, versuchst gar noch, einen alten blinden Mann zu rauben und dazu seine einzige Stütze, seine beiden Töchter!"

Theseus antwortete: „Es ist genug der Reden. Jetzt verlasse du Kreon diesen Ort mit deinen Männern. Und du, Ödipus, bist hier an dieser Stätte sicher mit Antigone und Ismene."

„Ich bin so glücklich, dass du, Theseus, uns von diesem hinterlistigen Schwager befreit hast. Und ihr, meine beiden Töchter, ihr, die ihr meine Stütze und mein alles seid, dass ich euch wieder nach diesen schwierigen Stunden wieder in die Arme schliessen kann. Jetzt, da ihr bei mir seid, fürchte ich auch den Tod nicht mehr."

„Hier ist noch jemand, der dich um ein Gespräch und ein Versprechen bittet," warf Theseus ein, „ein Mann, der nicht aus Theben stammt und den ich gerade am Altar des Poseidon sah, um etwas zu erbitten."

Ismene und ich schauten etwas irritiert auf den Ankömmling. Irgendwie schien er uns bekannt, jedoch erwarteten wir Genaueres von ihm selbst.

Ödipus war misstrauisch geworden.

„Wer kann es sein und was sucht ein Fremder hier? Wenn er schon an Poseidons Altar gewesen ist, so scheint es keine Kleinigkeit zu sein. Er kommt aus Argos, wie du sagst, und er soll vielleicht mit mir verwandt sein. Es ist kein Pilger, wie du vermutest. Oh, ich fürchte Schreckliches! Ich ahne, wer es ist! Mein verhasster Sohn Polyneikes. Erspare mir seine Worte! Jetzt denkt er an mich, weil er, selbstsüchtig wie er schon immer war, sich von mir etwas erhofft."

Theseus wollte vermitteln.

„Er kommt als Gast und sieh, er kommt vom Altar des Poseidon. Wir können ihn nicht so einfach wegschicken, ohne die Götter zu beleidigen."

Ich konnte diesem Streit zwischen Vater und Sohn nicht so einfach zuschauen, auch wenn ich Verständnis für Ödipus hatte.

„Lieber Vater, auch wenn du mich wegen meiner Jugend selten um einen Rat gefragt hast, so möchte ich doch bitten, dem Gespräch mit deinem Sohn nicht zu zuauszuweichen. Geh auf den Rat des Königs ein, der uns so geholfen hat. Höre dir an, was unser Bruder zu sagen hat, auch wenn er damit deine Meinung wahrscheinlich nicht ändert. Ein böser Zorn führt nie zu etwas Gutem. Wer selbst in seinem Leben früheres Glück erfahren hat, sollte es anderen nicht verweigern."

Ich schaute Ismene an, sie nickte, dann Ödipus, der seinen Kopf hin und her wiegte.

„Mein Kind, so Unrecht hast du nicht, mag er also kommen. Nur eines gleich vorweg, lange mit ihm verhandeln gedenke ich nicht."

„Recht so," sprach Theseus, „ihr steht jetzt unter meinem Schutz. So lange die Götter auch mir beistehen, wird auch euch nichts geschehen." Mit diesen Worten verabschiedete er sich.

„Du hast sicherlich die Schritte vernommen, die sich dir genähert haben. Dein Sohn Polyneikes steht mit Tränen in den Augen vor dir," sprach ich jetzt meinen Vater an, „so höre, was er dir zu sagen hat."

Polyneikes schaute ergriffen Ödipus an.

„Liebe Schwestern, ich habe nicht geahnt, euch hier so zu treffen. Ich weiß nicht, wessen Leid größer ist, meines oder des meines greisen Vaters, den ich hier in fremdem Land ausgestoßen sehe? Wie schaut er aus? Sein Rock ist zerschlissen und schmutzig, sein Haar ist verfilzt und man sieht seine Knochen, so abgemagert ist er. Mir wird jetzt klar, dass ich allem mitschuldig bin. Noch mehr Fehler kann ich nicht anhäufen, doch ich möchte versuchen, vieles zum Guten zu ändern. Vater, ich bitte dich, wende dich nicht von mir ab, sondern vergib mir. Und ihr, liebe Schwestern helft mir dabei, wo ich doch extra am Altar des Gottes Poseidon gebetet habe."

Mir war im Grunde überhaupt nicht klar, was sein Anliegen war und was sein Kommen zu bedeuten hatte. Daher wandte ich mich an Vaters Stelle an ihn.

„Wenn du eine Antwort von ihm erwartest, dann musst du ihm zumindest verraten, was dich herführt. Egal, was dein Anliegen ist, er wird dir eine Antwort geben."

„Danke, liebe Schwester. Bevor ich weiter spreche, möchte ich zuerst dem König dieses Landes danken, der mir erlaubte, frei zu reden, und mir freies Heimgeleit zusicherte. Nun mein Anliegen an dich, lieber Vater. Wie du wahrscheinlich schon gehört hast: Eteokles hat mich aus Theben vertrieben, da ich auch den Königsthron anstrebte, der mir nach unserem Vertrag und mir ohnehin als Erstgeborener zusteht. Er wiegelte das Volk gegen mich auf. So floh ich nach Argos zu König Adrastos, dessen Tochter ich ehelichte. Dort gewann ich viele Freunde, die mir helfen wollen, den Thron von Theben, der mir zusteht, zu erobern. Die Namen der sechs Heerführer möchte ich dir nicht alle aufzählen. Ich ziehe nun in den Krieg gegen meinen eigenen Bruder und ich flehe dich an, unterdrücke deinen Zorn und steh mir bei. Es gibt nämlich die Aussage eines weisen Sehers, die besagt, dass nur derjenige den Sieg davon tragen wird, der mit dir verbunden ist. Nun bitte ich dich, bei den heiligen Göttern Thebens, komm mit mir, denn wir leben ebenso in der Fremde wie ihr und müssen ständig um ein Obdach betteln, während der Bruder es sich auf seinem Thron gut gehen lässt. Ich möchte ihn verjagen. Und du wirst dann wieder in deinem Palast leben und dein Leid vergessen. So hilf mir, denn ohne dich bin ich verloren."

Das erschienen mir ganz erheblich egoistische Motive. Auch Ismene schüttelte den Kopf. Wir waren beide gespannt, wie sich Ödipus jetzt äussern würde.

„Ihr Männer, die ihr Polyneikos' Worte gehört habt, ihr sollt es wissen. Hätte nicht Theseus diesem Mann erlaubt, zu mir zu kommen, ich hätte nie ein Wort mit ihm wechseln wollen. Und nun zu dir. Du trügerischer Heuchler! Als du noch Macht in Theben hattest, da jagtest du mich davon, da war es dir völlig gleichgültig, dass ich als Bettler in schäbiger Kleidung durch Hellas irren musste. Nun weinst du vor mir, aus Mitleid mit dir selbst. Was wäre aus mir geworden, ich wäre wohl schon längst tot, hätten mich deine beiden Schwestern nicht so selbstlos begleitet. Ihr Brüder scheint von einem anderen Mann gezeugt zu sein! Niemals wirst du Theben erobern! Der Fluch, der über meinem Leben lag, den gebe ich an dich weiter. Auch Argos soll dich nie wieder erblicken. Vorher wirst im Kampf von deinem Bruder getötet werden, nachdem du zuvor ihn getötet hast. Nun geh hinweg und berichte all dies deinen Mannen."

Polyneikes schien betroffen, mit so einer Abfuhr hatte er nicht gerechnet.

„Welch ein schlimmes Unglück hat mich getroffen! Was soll ich den Gefährten sagen, die mit mir von Argos aufgebrochen sind? Werden sie mich einen Feigling nennen? Liebe Schwestern, eine Bitte habe ich noch an euch. Sollte sich des Sehers Spruch bewahrheiten und ich im Kampfe fallen, so beschert mir ein ehrenvolles Begräbnis."

Bis jetzt hatte ich geschwiegen, aber jetzt glaubte ich, ihm meine Meinung sagen zu müssen.

„Mein Bruder, warum magst du nicht auf mich hören. Ich kann dir nur eines sagen: Kehre nach Argos zurück und zerstöre Theben nicht. Denn das wäre auch dein Tod. Auch wenn du meinst, du könntest es nicht ertragen, in der Fremde so wie wir zu leben und dich vom eigenen Bruder verspotten zu lassen."

„Was so irgendein Seher verkündet, daran glaube ich nicht. Mein Entschluss steht fest, ich ziehe gegen meinen Bruder. Und meinen Gefährten werde ich nichts von dem Seherspruch verraten, damit sie mich nicht zögernd verlassen. Ein kluger Feldherr gibt nur die guten Nachrichten weiter, die misslichen verschweigt er."

„Sind das wirklich deine letzten Worte. Ich hatte gehofft, dich umstimmen zu können. Ach, es ist so schwer, einen Bruder in seinen sicheren Tod ziehen zu sehen."

Polyneikos schaute uns beide noch einmal sorgenvoll an.

„Nur ein Gott bestimmt über Leben und Tod. Für euch beide erflehe ich von den Göttern für eure Zukunft viel Glück und alles Gute. Lebt wohl!"

Kaum war Polyneikes gegangen, da rief Ödipus::

„Liebe Kinder, tut mir einen Gefallen und ruft so schnell wie möglich Theseus herbei."

Ich hatte keine Erklärung, warum es jetzt so eilig war.

„Ich glaube, es ist Zeit zu gehen. Zeus wird mich jetzt in den Hades schicken und ich möchte, dass Theseus mich noch lebendig sieht. Seht ihr nicht die Blitze, hört ihr nicht den Donner?"

Theseus erschien verwundert. „Solch ein Lärm! Was hat das zu bedeuten?"

„Mein Ende naht! Die Götter, die ewig lebenden, haben beschlossen, mich mit Blitz und Donner von all meinen Leiden zu erlösen. Ihr Töchter, ihr wart so lange meine Führer und habt für mein täglich Brot gesorgt. Ich muss euch jetzt verlassen. Niemand hat euch so geliebt wie ich. Nun, lieber Theseus, folge mir noch ein wenig bis hin zu dieser

Schlucht, die in den Hades führt. Der Seelenführer Hermes führt mich und von den unteren Gefilden ruft Persephone mich. Klammert euch nicht an mich! Auch wenn es euch schwer fällt. Ihr seid jetzt, nach so langer mühevoller Wanderung, Waisen. Ihr könnt mir jetzt nicht folgen. Das letzte Stück meines Lebensweges werde ich mit Theseus allein gehen. "

Und zu Theseus gewandt: „Ich vertraue dir meine Töchter an.

Mit diesen Worten gingen Ödipus und Theseus zu dieser Schlucht.

Nach dem Tode von Ödipus

Wir starrten mit Tränen in den Augen den beiden hinterher, bis sie hinter einigen Bäumen verschwanden.

„Was soll aus uns nur werden? Sollen wir Ärmsten weiterhin als Bettlerinnen durch die Lande ziehen, immer angewiesen auf das Mitleid anderer gütiger Menschen?" klagte Ismene.

„Unser Vater hat jetzt seine Erlösung gefunden und konnte dem Fluch, der unseren Stamm getroffen hatte, nicht entweichen. Soll unser Leben aber hier enden? Noch sind wir jung! Nein! Es kann doch nicht sein, dass auch wir noch die Folgen tragen müssen, die Lajos, der erste Mann unserer Mutter, uns allen beschert hat, indem er so beschämend und gemein den jungen Chrysippos, den Sohn von Pelops, in den Tod trieb und damit den Fluch auf sich zog. Die Götter müssen doch einmal ein Erbarmen haben und uns nicht für alle Zeit mit soviel Leid überziehen. In die heimatlichen Gefilde möchte ich in keinem Fall zurück."

„Während du mit dem Vater durch Hellas zogst, war ich ja allein mit Kreon, Eurydike und all den Dienern am Hof. Eurydike war nicht gerade freundlich zu mir, sie liess mich viel niedere Arbeiten ausführen. Ich hatte immer das Gefühl, dass sie mich noch irgendwie als Teil des Fluches, der über Lajos und Ödipus kam, betrachtete. Auch ich möchte eine neue Heimat finden."

Inzwischen war Theseus zurück gekehrt und schaute uns mit ernster Miene an.

„Ihr beiden Kinder, lasst eure Klagen. Ihr tut ihm damit, wo er jetzt ist, keinen Gefallen. Ich weiss, ihr möchtet gern den Hügel sehen, wo Theseus verschwand. Aber kein Mensch darf diese Stätte jemals sehen."

Wir klagten vor Theseus über unser jetziges trostloses Dasein ohne eine hoffnungsvolle Zukunft.

Er hob die Hände und sprach: „Ich habe eurem Vater kurz vor seinem Hinscheiden einen heiligen Eid geschworen, dass ich euch, die ihr so viel gelitten habt, nicht im Stich lasse. Ich kann verstehen, wenn Theben nicht mehr euer gewünschtes Ziel ist. Daher soll Athen für euch eure zukünftige Heimat sein. Seht ihr dort in der Ferne die hohen Mauern, die in der Sonne leuchten. Lasst uns dahin für ein neues Leben aufbrechen. Die Zeit, die alle Spuren verwischen kann, wird euch dabei helfen, alles Leid und alle Schmerzen zu vergessen."

Theseus gab mir und Ismene die Hand und wir machten uns mitsamt den Reitern auf den Weg nach Athen.

Bislang habe ich immer, fast treu und brav, mein Tagebuch geführt, wenn mir genügend Pergament zur Verfügung stand.

Vieles musste ich manchmal nachträglich aus dem Gedächtnis und nach Erzählungen anderer zu Papier bringen. Aber jetzt ist für mich ein neues Leben angebrochen und ich möchte nach dieser leidvollen und entsagungsvollen Zeit ein neues Kapitel meines Lebens beginnen, die Schatten der Vergangenheit etwas abstreifen und das Tagebuch an dieser Stelle schliessen.

Zur Person von Sophokles

Er lebte von ca 496 – ca 406 v.Chr. Geboren in Kolonos. Er gilt neben Aischylos und Euripides als einer drei großen Tragödiendichter des antiken Hellas. Angeblich lernte er bei Aischylos das Stücke schreiben. Im Wettkampf der Tragödienschreiber siegte er 18mal, Euripides hingegen nur 4mal. Aber Sophokles wurde niemals letzter.

Neben seiner dichterischen Aktivität betätigte er sich auch politisch. Seine Themen sind auch heute noch aktuell und werden noch immer auf den Bühnen der Welt gespielt.

Wenn man sich einmal die Mühe macht und die Ödipus-Tragödie mehrmals durchliest, dann muss man ehrlich gestehen, die Handlung und der Aufbau ist spannender als so viele der heutigen ideenlosen und oberflächlichen Kriminalstücke.

Hier noch einige Aussagen von Sophokles

* Hoffnung ist das, was viele Mesnchen am Leben erhält
* Es gibt nicht Schlimmeres als Anarchie

Literatur

Clarus, Ingeborg; Odysseus und Oidipus, Wege und Umwege der Seele; Bonz, 1986

Dethlefsen, Thorwald; Begleitheft zur Theater-Aufführung „König Ödipus"

Dethlefsen, Thorwald; Ödipus – der Rätsellöser, Bertelsmann, 1990

Gebrüder Stefanides, Griechische Mythologie, Ödipus – Tragödien, Verlag Sigma, Athen

Lesky, Albin; Die griechische Tragödie; Kröner, 5.Aufl. 1984

Papadogeorgos, G.; Prominent Greeks of Antiquity; Editions M. Toubis S.A.

Rausch, Sven; 50 Klassiker – Griechische Antike; Gerstenberg

Sophokles; König Ödipus, Reclam

Sophokles; Ödipus auf Kolonos, Reclam

Die folgenden Seiten enthalten einige Titel zum Thema Griechenland, sowohl Mythologie, Geschichte und als auch persönliche Reise-Erlebnisse

Alexander und Aristoteles
Eine (fiktive) späte Begegnung

Näheres unter
www.literatur.drvolkmer.de

Athos
Unterwegs im Garten der Gottes-
mutter

Näheres unter
www.literatur.drvolkmer.de

Die Odyssee
Eine psychologische Reise nach
 Ithaka

Näheres unter
www.literatur.drvolkmer.de

**Helena
Die Geschichte einer schönen
Frau**

Näheres unter
www.literatur.drvolkmer.de

**Helena und Paris
Eine dramatische Liebesgeschichte**

Näheres unter
www.literatur.drvolkmer.de

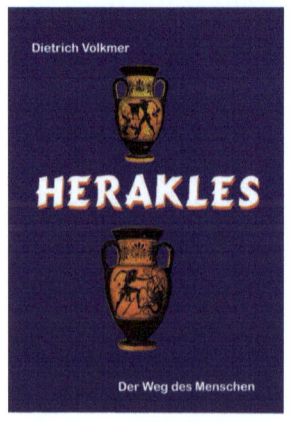

**Herakles
Der Weg des Menschen**

Näheres unter
www.literatur.drvolkmer.de

Die Dichterin Sappho
Ihre Heimat, ihr Leben, ihre Gedichte

Näheres unter
www.literatur.drvolkmer.de

Frankfurt und die Götter des Olymp
Ein fiktiver Besuch aus der Antike

Näheres unter
www.literatur.drvolkmer.de

Demokrit
Vom Mythos zur Atom-Theorie

Näheres unter
www.literatur.drvolkmer.de

Griechische Momente

Näheres unter
www.literatur.drvolkmer.de

Drei Bücher mit Themen Alt-Ägyptens

**Hatschpsut
Tagebuch einer Pharaonin**

Näheres unter
www.literatur.drvolkmer.de

**Tagebücher vom Nil
Echnaton, Nofretete, Teje**

Näheres unter
www.literatur.drvolkmer.de

**Der Erste Messias
Bildnis eines zu früh Ge-
borenen**

Näheres unter
www.literatur.drvolkmer.de